U0943174

「能够支配早晨的人，就能支配人生」

晨型人的新生活实践术

〔日〕
税所弘
著

成玲
译

時代文藝出版社

图书在版编目（CIP）数据

能够支配早晨的人，就能支配人生 /（日）税所弘著；成玲译 . —长春：时代文艺出版社，2015.1
ISBN 978-7-5387-4690-7
Ⅰ . ①能… Ⅱ . ①税… ②成… Ⅲ . ①时间—管理—通俗读物 Ⅳ . ① C935-49

中国版本图书馆 CIP 数据核字 (2014) 第 281482 号

吉林省版权局著作权合同登记 图字：07-2014-4434 号

出 品 人 陈 琛
产品总监 郭力家
责任编辑 郜玉乐

能够支配早晨的人，就能支配人生

〔日〕税所弘著

出版发行 / 时代文艺出版社
地址 / 长春市泰来街 1825 号 时代文艺出版社 邮编 /130011
总编办 /0431-86012927 发行部 /0431-86012957 北京开发部 /010-63108163
网址 /www.shidaicn.com
印刷 / 北京旭丰源印刷技术有限公司
开本 /710mm × 1000mm 1/32 字数 /125 千字 印张 /6.5
版次 /2015 年 1 月第 1 版 印次 /2015 年 1 月第 1 次印刷 定价 /32.80 元

本书如有质量问题，请与本公司图书销售中心联系调换。电话：010-82069336

目 录
contents

CHAPTER 02

早起有益 / 身、心、脑 / 的理由

CHAPTER 05

每个人/早起方法不同/的理由

CHAPTER 06

用早起疗法走出 / 忧郁症 /

前言

二〇〇六年四月，应日本文部科学省的号召，全国协议会发起了由民间主导的“早睡、早起、吃早餐”活动。这个活动从家长教师协会（PTA）开始，包括青少年与运动团体、文化关系团体、读书与食育推广团体、商业界等，超过一百个各方业界的机关团体与关系企业，都参与了总会的设立。

现在，“早晨的时光”似乎成了关注的焦点。全国协议会发起“早睡、早起、吃早餐”活动，也是因为接收到这样的声音：“孩童学习欲望降低与体力不济的问题，与家庭中饮食、睡眠等基本生活习惯的混乱息息相关。”

家长希望孩子养成早睡早起与吃早餐等基本的生活习惯，同时为了提升生活质量或养成良好的生活规律而进行全国性的普及教化活动，所以由全国协议会发起了由民间主导的“早睡、早起、吃早餐”活动。

我的父亲税所厚身为医师，他注意到了早起带来的功效，为了增进健康，也鼓励很多病患效法。

身为日本身心医学会一员的父亲，曾以早起为主题，在关东医学会做过十六次报告。这个日本身心医学会就是所谓的“心的学会”，虽然有很多人做关于睡眠生理的报告，但像我父亲这样以早起为主题的报告却很少。在一个学会里，就单一主题做十六次报告，在全世界可说是史无前例。

接着，在父亲的指导下，当时身为患者的我，也成了实践“早起健康疗法”的始祖。而我的自律神经失调症之所以能治疗好，也是在父亲指导下，实行“早起”的成果。之后，我把这套方法体系化，成为“税所式早起健康法”，将早起指导作为医疗行为用于治疗病患。

虽然这是我师承父亲的早起健康法，但早起有助健康、益于脑部活性化的观点受到肯定，却是这十二三年才开始的。

现在，我旗下有两位医师与十位左右的辅导员，他们几乎都是因为实践早起健康法而使自律神经失调症痊愈的人。他们可以称作是实践了持续一百天以上早起的亲身体验者、照护伙伴（Care Partner）。

早起实际上就是早点起床，可以感受到早起的好处是再好不过的了。

另外，因为早起而治好自己自律神经失调症的人，也会将早起推广给周遭的人。

我的研究所在星期一早上六点开始“晨型人”活动，电话却从台湾、夏威夷的火奴鲁鲁、香港、洛杉矶等世界各地打来。虽然打来的都是日本人，但打电话这个动作也跟早起有了连接。香港等地因为有一个小时的时差，所以有些人每周就会有一天早点起床，打电话给研究所，诉说烦恼等事情。只要有人听自己说话，人类心里的病就会好六成。

我所推广的“晨型人”活动，托众人之福，现在应该已经相当深入、相当广泛了。

虽然各种指导早起的宗教团体、财团有很多，但以医疗为主来实行的却并不多，而心灵的疾病治疗用早起导入，并以改善病状为目标的，应该更少吧！

由我担任所长的身心医学研究所，每周一次，固定在星期一的早上六点半到八点，进行少数人的团体疗法。

团体疗法的优点是，让忧郁症、精神疾病患者体验他们之前所回避的人际关系，可以借此恢复自信。

在每周聚会一次的早上，由于参加的都是会员，因此大家可以毫无拘束地把感觉说出来、听听其他会员的烦恼，也可以以此作为自己行动的参考。另外，有同意自己看法的人，也有说出完全不同意见的人，在这里可以体验到，就算话不投机，但身为团体的一员，也会被接受，这种方式也可算是作为出社会，或是为了回到社会的适应训练。

团体疗法的其他好处还有实践所谓的行动疗法。这包含了“减敏疗法”（脱感作疗法）。日文中，所谓的“感作”有过敏的意思，而“脱”这个“感作”，即祛除，也就是在反复进行的过程中，自然会习惯。

“过敏”是敏感、敏锐，这包含了极度厌恶出现在众人面前的含意。

来研究所的患者中，十人有九人是讨厌出现在别人面前的，如果反复做这件讨厌的事情，也就会变成习惯。这就是早起的减敏疗法。

另外，患有人群恐惧症或是脸红恐惧症（Erythrophobia）的人，如果出现在别人面前，虽然第一次会紧张，但渐渐就会习惯，十次左右就会变得没关系了。

日本约有百分之二十的人，很明显地在睡眠方面有严重的问题。除此之外，我认为就算不到严重的地步，那些在日常的琐碎事物干扰下而影响睡眠、使睡眠规律不正常的人也不在少数。

另外，也有很多人是对自己的睡眠习惯误解却没有自觉，没有注意到不健康的状态对于身心造成的重大影响。

这些人如果能把本书当作一个契机，了解正确的睡眠方法，变身为“晨型人”的话，眼前将会拓展出一个完全不一样的世界。我衷心期望能使更多的人得到这样的机会。

税所弘

/

CHAPTER

/

01

虽然知道对身体好，但就是 / 无法早起 / 的理由

起床时间晚了

由于职场与生活形态的改变，衍生出了各种造成现代人睡眠不足的因素。职场中，有不得不实施轮班的工作制度，也有因加班晚归的

20～40岁上班族平日的平均起床时间

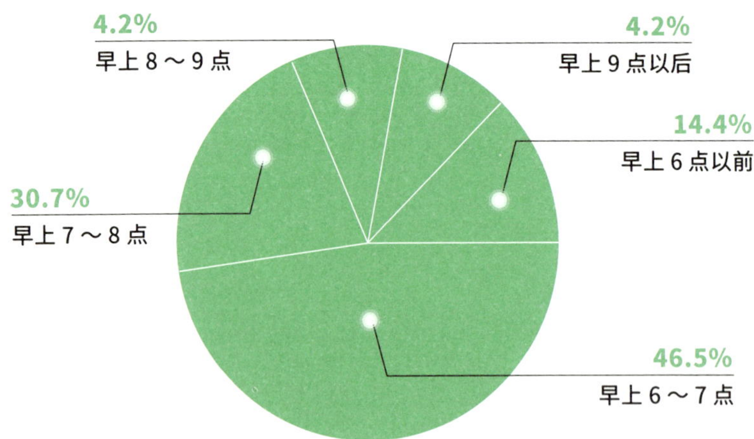

（根据2005年3月雅虎网络调查）

人，这些让在深夜营业的超市中买东西这件事，变得愈来愈稀松平常，大多数人也因此陷入慢性的睡眠不足状态。

当前的日本，人们的起床时间是一年比一年晚。

关于起床时间，一言以蔽之，有从零岁开始、不分年龄作为对象的“平均起床时间”，也有以二十岁开始到六十岁的工作者为对象的“标准起床时间”。

平均起床时间在一九六〇年是六点零二分，二〇〇〇年是六点四十二分。四十年间，起床时间晚了四十分钟。

另一方面，标准起床时间在一九六〇年是六点，二〇〇〇年变成六点三十分，这部分也迟了三十分钟。

那么，光从平均起床时间与标准起床时间延迟的部分来看，睡眠时间应该相对变长；但事实正好相反，睡眠时间正在逐年缩短。

睡眠时间缩短化

在每周固定休息两日的今天，睡眠时间应该分成三种日子来思考（平日、星期六、星期日）。

一九六〇年，平日的睡眠时间是八小时十三分，到了二〇〇〇年变成七小时二十三分；在四十年间，睡眠时间缩短了五十分钟。而星期日的睡眠时间，也从八小时三十一分（一九六〇年）缩减到八小时零九分（二〇〇〇年），缩短了二十二分钟；若拿星期六与平日、星期日相比，则有更加晚起的倾向。

人类的睡眠可以分成三大类

根据某项研究，现代人对睡眠的关心度甚低。如果是不知道睡眠的相关知识也就罢了，甚至还有人认为睡觉是件“浪费时间”的事情。这是很明显的认知错误，更可以说是一种误解。

具备有关睡眠的充足知识，是一件非常重要的事情。

一般人类的睡眠是“单相睡眠[1]”，而且集中在夜晚产生睡意。人类以外的动物是“多相睡眠”，例如狮子是睡两小时、醒来三小时的重复状态。

我认为人类一生的睡眠可以分成三大类：

1. **长睡眠——婴儿期开始到三四岁为止，睡眠时间十小时以上。**
2. **短睡眠——十五岁到六十岁左右，睡眠时间四至六小时。**
3. **超睡眠——六十岁以上，拥有适合自己的睡眠时间。**

不管是什么样的人，到三至四岁为止，都是长时间睡眠；早一点

1　即在 24 小时内只睡一次的睡眠状态。

的话，从十二岁时的中学考试就开始，但一般则是到了十五岁的高中考试或是十八岁的大学考试，才会把睡眠时间缩减为四至六小时的短时间睡眠。

就算没有连续一周短时间睡眠，例如三天一次长睡眠（睡眠时间十小时以上），另外两天是短睡眠的状况，每个人都还是有各自的睡眠生活周期的。

快速动眼期与非快速动眼期

睡眠可以分成“脑的睡眠”与“身体的睡眠”，并会构成如下所述的循环：

❶ 脑的入睡（开始的二至三分钟为脑的假眠状态）

❷ 中等程度的睡眠（二十至三十分钟）

❸ 质的深度睡眠（四十至五十分钟的熟睡状态）

❹ 身体的睡眠（约三十分钟），这时进入“快速动眼期”（REM 睡眠）

上述❶至❸约一个半小时的睡眠中，脑部会进入一个深沉的睡眠状态，而这个睡眠状态则被称为“非快速动眼期”（NREM 睡眠）。

因此，所有人的睡眠，从❶到❹为止，会形成一个约两小时的循环。而在整晚的睡眠里，这个循环会重复三至五次。

此外，“快速动眼期”也就是所谓的“伴随急速眼球运动”（Rapid Eye Movement），而“伴随急速眼球运动”的意思指的就是闭上眼睛后，眼睑下的眼球运动状态。人类与动物在睡觉时，都会出现眼球骨碌骨碌转动、手脚指尖微微震动、嘴巴喃喃说着梦话等反应，这些都可以在快速动眼期中看到。

刚开始的两小时是睡眠质量较佳的第一个循环，接着第二个循环、第三个循环也都是两小时。循环进行时，“质的深度睡眠”会逐渐缩短为四十五分钟、三十分钟、二十分钟。因此，到了第四个循环的第八小时，会比第一个循环的第二小时更容易醒来。

另外，比起脑的睡眠（深度睡眠，即非快速动眼期），在身体的睡眠（浅度睡眠，即快速动眼期）阶段，人会变得比较容易醒来。

也就是说，所谓的睡眠，并不是愈睡愈沉，例如情绪不稳定的时候，或是心怀不安的时候，都会睡得比较浅，并更早醒来（比预定起床的时间还要早醒来，之后就睡不着的状态，变得容易醒过来）。

安眠熟睡的前提是脑的安定，也就是必须要保持心情平静。睡前的自律训练法或是瑜伽等体操对保持心情平静都有帮助。

为什么无法早起？

我们都知道早起有益健康，但就是做不到。特别是年轻人，很多都过着“晚睡晚起”的夜猫子生活，可以说这是最不好的生活方式。

这就是在体性神经衰弱的情况下，会导致自律神经衰弱的原因。身体状况不佳，也会带来精神方面的疾病。

这里先说明何谓“体性神经”与“自律神经”。

人类的神经系统可分为“体性神经”与“自律神经”两大类。“体性神经”是可以用自己的意志控制的神经，好比手动门一样，或是像搭出租车时，手会举起来招车。此外，当你想要传达某些意义或是说话时，也都会产生作用。早上起来的时候，就是靠自己的意志驱使体性神经，让身体起来。

另一方面，“自律神经”是无法靠自我意志来控制的神经，因此可以用自动门来比喻。它主要掌管心脏、肠胃等器官的运作，还有血液循环等。

由于自律神经无法靠自我意志来控制，所以一开始会以为它跟早起没有关系，但事实绝非如此。

因为体性神经（意志力）会带给自律神经很大的影响。如果意志力薄弱，自律神经也会衰弱且不安定，因此身体状况就容易变差。

相反，意志力强的话，自律神经会相对变得强而安定，身体状况也会转为规律正常，这样就可能早起。

也就是说，成功早起的秘诀在于“具备动机”“前一天做好心理准备”“表明决心”。

如果有这样的预定事项：“搭早上七点的飞机去出差”“要开车出远门，所以早上五点要集合”等，不管是什么样的赖床鬼，应该都可以确定早起。

“绝对不能起不来！”会这么想的话，一定是有非常重要的事情，所以一定可以在五点起来的。

因此，对早起这件事有强烈决心的人，是很容易实行早起的。就算是过着日夜颠倒生活的人，只要目的或想法明确，早起也是绝对可以办到的。

无法早起是因为“做吧！”的决心很薄弱，如果心中确实有所觉悟，是可以早起的。

为了有充足的睡眠

为什么无法摆脱失眠状态呢？为了探究这个原因，请针对下列问题自问自答：

1. 要花三十分钟以上才能入睡吗？ 是 / 否
2. 每天被事情（工作、兴趣、照顾或看护家人等）追着跑？ 是 / 否
3. 半夜会心律不齐、跳得很快吗？ 是 / 否
4. 半夜会因为呼吸困难而醒来吗？ 是 / 否
5. 曾有开车途中打瞌睡的经历吗？ 是 / 否
6. 睡着后马上会做噩梦吗？ 是 / 否
7. 半夜脚会抽筋并感觉到疼痛吗？ 是 / 否
8. 早上起床时，还会残留疲劳感吗？ 是 / 否
9. 周末比平常睡得多时，醒来会觉得很舒畅吗？ 是 / 否

虽然到这里结束，但并不是非得回答这些问题不可，而且这些问题也没有正确答案。

重要的是，根据这些问题，可以改善心理状态、营养状况、运动与健康状态以及其他生活习惯等。这么做的目的是要探究无法拥有良好睡眠的原因。

只要改正自问自答中的缺点，应该就可以拥有充足的睡眠。

怎样也无法“早睡”的时候

对于现代人难以在每天晚上十一点前就寝的生活，我并不是无法理解，所以这个时候我不会说：“如果怎么样也无法就寝的话……”如果不能早点儿睡觉，晚睡也没关系，但隔天想睡觉的时候，就请忍耐吧！如果能做好这样的心理准备，那就没关系。

不过，不管再怎么晚睡，请把早起这件事放在心上。比起“定时就寝”，“定时起床”更可以说是培养“早睡早起”生活的入口。

起床的时间以早上五点最为理想，如果做不到的话，就先以早上六点起床为目标吧！

因为低血压而无法早起？

“因为低血压，所以早上没办法早起啊！”

这是怎样都无法早起的人因为赖床而迟到时必用的借口。

原本低血压是指收缩压在在 100mm Hg 以下、舒张压在在 50mm Hg 以下的状态。

用来判定血压的“mm Hg”（毫米汞柱）是压力单位，例如血压 140mm Hg，相当于“使汞柱上升 140mm（14 厘米）的压力”。“Hg”是汞的元素符号。

血压的正常值会随着年龄而改变，一般收缩压标准会在 140mm Hg 以下，舒张压介于 60 ~ 90mm Hg。所以血压如果在这个数值间的话就没问题，但如果数值高于这个标准就是“高血压”；如果低于这个标准，就是所谓的“低血压”。

我经常这么说：“低血压与没办法早起其实没什么关系。”

不过，低血压的人起床时，确实很容易觉得不舒服，这是有医学根据的事实。所以，就医的人还是遵从主治医师的指示比较好。

但尽管如此，也有早起之后，血压恢复正常值的例子。在前来我研究所的人之中，就有这样的案例。

从这么多的例子来看，烦恼于因为低血压而无法早起的人，大多只是单纯地想太多，无法早起的真正原因来自于生活习惯。

为了早起，前一天带着什么样的心情入睡是很重要的。例如抱着“早起是早上最重要的目的”的决心入睡，只要达成了，自信心也会随之增加；同时这也会有安定自律神经的效果。

所以这样的想法是必要的。只要这么做，就可以发觉以自我方式早起的乐趣。因此，早起不仅使人觉得很自傲，还可以思考未来该如何做才能达到令自己满意的目标。

例如在假日早起，和知心好友或熟稔亲友一起享受一顿丰盛的早餐，替自己安排一个类似这样的“奖励”，或许也是个不错的方法。

假日赖床请在三小时以内

尽管这么说，但还是会有人希望能在难得的假日，比平常多睡一点儿，来消除平日的疲惫。就算这样，还是希望能够比平常的起床时间多睡个三小时以内就起床。

如果不这么做，体内生理时钟的循环就会产生混乱，特别是每逢假日过后的正常日，早起就会变得很困难。

但要是怎么样都想睡个够的话，首先还是得确实做到早起，之后到了下午，再在沙发等处睡个深沉的午觉，但午觉时间最长也不要超过九十分钟，并且起码在下午四点以前就应该起来。

健康的人才知道的有效午睡

以前有睡午觉有益身体健康的说法，这不只是日本人的习惯。我们都知道短时间的午睡，能有效消除想睡的感觉并提升工作效率。例如利用午休时间睡个午觉，可以是“补偿睡眠”，即补足前一天的睡眠不足；或是“预防睡眠”，即为之后的工作做准备，提升工作效率。

关于午觉时间的长短，虽然前面写了“最长九十分钟”，但最理想的还是二十至三十分钟左右，醒来的时候能让人感到神清气爽的午睡时间是最恰当的。而且，不可以躺着睡，因为这样很容易睡熟，要醒来就变得很痛苦了。

“睡前酒”反而会有反效果？

不容易入睡的时候，有些人会喝点儿睡前酒。过去认为睡前酒、睡帽能帮助睡眠或是容易入眠，但最近这种看法已经被证实是错误的。

睡前喝酒确实很容易入睡，但无法得到深度睡眠，也会妨碍睡得安稳与睡得好。“因为睡不着”的理由而持续喝酒的话，会产生很大的危险性。

不过，如果是因为不容易入睡就会难以早起的话，那么喝一点点酒也无妨。但是要注意，不要饮酒过量。特别是每天晚上喝酒，会养成身体的习惯性，也会增加饮酒的量，因而提高罹患酒精中毒症的可能性。

罹患酒精中毒症，就会使人变得经常半夜醒来，而且如果是重度的话，睡眠以外的症状还包括丧失记忆、对喝酒行为产生罪恶感等，也要注意可能会增加脑血管堵塞的可能性。

“睡前烟”与睡眠的关系

香烟中所含的尼古丁有促进清醒的作用，也有提升情绪与认知机能的效果。另外，在具有兴奋作用与镇静作用、提高依存性的同时，伴随血管的收缩，会导致血压的上升与心跳数的增加，成为许多疾病发作的原因。

因为吸烟而带入体内的尼古丁，它所产生的效果要消退的话，需要两个小时，所以就寝前两小时还是禁烟比较好。

根据对三千位吸烟者与非吸烟者的调查发现，吸烟者比非吸烟者入睡时间晚五分钟；总睡眠时间方面，吸烟者比非吸烟者少十四分钟。

另外，睡眠呼吸中止症候群的发病率，吸烟者是非吸烟者的二到三倍。

恐怖的睡眠障碍

我最想推荐的就是“晚睡早起”的形态。这是一种就算你上床睡觉的时间乱七八糟，起床时间也要固定的作息方法。如果这么做的话，即使两天内的睡眠都是三至四小时的晚睡早起，到了第三天，眼睛自然会感到疲劳，也就会早点去睡觉，这样就很容易调整为“早睡早起”了。

此外，上床睡觉或起床时间不固定、睡眠却过多时，要回到“早睡早起”就很困难，就会变成“晚睡晚起”的情况了。

这种情况的代表性疾病就是晚上睡不着、早上起不来的“睡眠相位后移症候群[1]”。因为这是一种无法规律生活的障碍，所以早上上班或上学会迟到，晚上就寝时间都在半夜两点至三点左右，甚至白天的起床时间，从早上到下午两三点都有可能。

如果这种状态持续一个月以上，就不容易恢复正常。这种状况多出现在高中生、大学生等年轻族群中，也很容易导致忧郁症。

---

1 “睡眠相位后移症候群”（Delayed Sleep Phase Syndrome, DSPS），亦称“睡眠周期延迟症候群”，指实际入睡时间及醒来时间分别比期望的上床时间及起床时间迟的睡眠障碍。

生活节奏与睡眠障碍的治疗法

每周一次在早上五点左右起床。自己需具备在做得到的范围内的目的意识，特别是不要睡太久、不要在不想睡的时候睡觉，睡不着的时候可以进行断眠疗法（全断眠是完全不睡，部分断眠是睡一至二小时）。

像这样晚睡早起，然后去上班或上学，可以渐渐修正日夜颠倒的作息规律。

人类有两种生活节奏：

1. **体内节奏——生理时钟 24.6 小时。**
2. **生活节奏——生活时钟 24 小时。**

第一种生理时钟有 24.6 小时，但会依照外界的刺激与日出、日落而调整成 24 小时。此外，因为生理时钟与生活时钟有 5 小时以上的分歧，由此便产生了“日夜节率（Circadian Rhythm）睡眠障碍”。

这种情况的代表案例就是，到国外旅行等产生一时的“时差”，以及长时间的夜班与早、午、晚三班制勤务等。

对身体来说，重要的是，晚起的生理时钟与生活时钟和日本人平均起床时间的六点四十二分，有两小时以上的差异。也就是说，到了八点四十二分还起不来的，就要特别留意了。

多数女性不满意睡眠质量

根据二〇〇〇年（平成十二年）厚生劳动省所进行的调查显示，女性对于睡眠障碍、失眠、睡眠不足等关于睡眠不满的比例，要比男性来得高。

究其原因，是女性独有的月经周期的关系。一般来说，女性在月经前的黄体素（女性荷尔蒙）作用下，白天会变得非常想睡觉。为了分泌更多的黄体素，从开始排卵到生理期开始之间，会产生想睡的感觉。

其他原因，如女性在停经后更年期时的问题之一，就是关于睡眠障碍的烦恼。女性停经后，卵巢荷尔蒙的雌激素分泌减少，因而导致失眠。

容易产生心病的典型

容易产生自律神经失调症等各种心理疾病的，是像这种深夜时分才睡觉、早上五点就起床，或者隔天早上五点睡觉、中午十二点才起床，起床时间与就寝时间乱七八糟的人。

如同白天清醒时，由交感神经运作，晚上睡觉时，由副交感神经运作一样，自律神经也会在早晨、白天、夜晚保持平衡的运作。

如果这个规律被打乱，是非常不好的事。

因此，身体不舒服的人和想在工作上有更好绩效的人，首先要以养成规律的起床与就寝时间为目标。

/

C H A P T E R

/

02

早起有益 / 身、心、脑 / 的理由

胎儿的睡眠形式为何种状态？

在胎儿期，哪个阶段会表现出“睡眠”呢？实际上，我们还没有很正确的认识。那是因为在胎儿期，睡眠特有的各种特征还没有被明确地定义出来。

现在，被定义为睡眠的状态，是基于成人睡眠时可被侦测到的脑波变化。成人可依据脑波区分出“快速动眼期睡眠”与“非快速动眼期睡眠”两种。

不过因为无法清楚辨识出胎儿的脑波，所以新生儿与幼儿的睡眠，还无法出现和成人一样的脑波变化，因而“快速动眼期睡眠”与“非快速动眼期睡眠”的分类在他们身上并不适用。

胎儿与婴儿的睡眠可分为“不定睡眠”“活动睡眠”（Active Sleep）、“安静睡眠”（Quiet Sleep）三种。其中，活动睡眠就相当于快速动眼期，安静睡眠相当于非快速动眼期；而不定睡眠则是在这两者之外，无法区分出的状态。

在脑部尚未发展完全时，睡眠虽然也呈现未完成的状态，但是相反地，睡眠也有促进脑部发展的功用，而且对正在发展睡眠的孩童时期来说，养成正确的睡眠习惯是非常重要的。

小孩“一眠大一寸”是真的

大家应该都知道成长激素（Growth Hormone）吧？成长激素是由氨基酸生成的胜肽荷尔蒙（Peptide Hormone）在脑下垂体前叶合成、分泌的。这种激素特别是在青春期，被认为与性荷尔蒙有关，这意味着生殖器官的成长、第二性征的出现等与睡眠有深切的关系。

实际上，这个成长激素会在睡眠过程前半期的非快速动眼期大量分泌，特别是非快速动眼期的第三到第四阶段时更多。

睡眠的前半期与后半期所分泌的荷尔蒙并不同。由此可知，对人类而言，睡眠是多么重要。

暴躁儿与睡眠不足的关系

近年来，有关孩童突然变得暴力的“暴躁”行为被放大检视，也被认为与睡眠不足有关。

我们已经知道，睡眠不足对于烦躁、压抑、不安等精神机能会产生影响。

另外，在拒绝上学的孩童案例中，探究其原因，除了对于学校的适应不良之外，也有报告指出，这种行为有很高的比例是因为“睡眠节率障碍[1]”（Circadian Rhythm Disorder）的关系。

但是问题在于，像这样的疾病并没有得到社会上普遍的认知，反而对他们做出错误的处理方式，所以没有解决根本问题的案例，实际上普遍存在。

1 睡眠节率是指一天睡、醒的时间有一定的规律。常见的睡眠节率障碍有：

① 睡眠延后障碍，如夜猫子白天精神不好；

② 睡眠提前障碍，如老年人会在凌晨醒来；

③ 不规则节率障碍，如每天无固定睡眠或清醒时间的失智症老人；

④ 非二十四小时节率障碍，每天出现逐渐提早或延后的现象；

⑤ 需轮班的工作；

⑥ 时差。

晨型人工作平衡比较好

在日本人起床时间变晚、睡眠时间变短的情况下，产生了很多如忧郁症与自律神经失调症等疾病。这些疾病到了战后才开始变得比较多，在战前几乎没有这些病症。

因此在东京大学的生理学教室中，通过早上八点、十二点及晚上九点的脑波图与心电图发现，有一项关于比日本人的平均起床时间早一小时的早起晨型人，与夜晚活动的夜猫子作业能力平均值的调查。

根据调查的结果，我们发现晨型人“一整年工作的平衡比较好”。

对于增进人类活动、控制血压上升下降的必需分泌物“儿茶酚胺”（Catecholamine），晨型人有比较好的均衡。

相较之下，夜型人大多是在晚上九点到凌晨十二点左右集中分泌儿茶酚胺，因此被认为“夜型人的集中力比较好”。虽然在夜晚的一定时间内，他们可以非常集中精神地工作，但之后必定无法频繁且长久地持续下去。

晨型人工作较少心浮气躁

晨型人在下午一点到傍晚五点之间的四个小时，是工作的最佳时间。这个时间带因为精神集中且均衡，所以工作能做得比较好。相较之下，夜型人精神比较集中的时间只有三小时左右，比起晨型人少了一个小时，而且工作中容易心浮气躁。

若将时间拉长到以月、年来看，就差了很多时间。与容易心浮气躁的夜型人相比，均衡好且工作做得好的晨型人，其工作基础不容易崩塌，我想这应该也是意志力比较强的关系。

也就是说，晨型工作者比夜型工作者的整年工作效率更高。

经营者有九成是晨型人

我常说：“早点儿开始工作，就能把事情做好！”对我来说，这是极为平常的事。

据我所知，有九成以上的经营者，会选在每天早上五点到七点之间进行邮件往返，而且他们的邮件内容都非常有朝气。所以早起不管对健康也好、工作也好，都能有很大的帮助。

我对工作人员说：“晚上请光明正大早点儿回家。”不要加班到很晚，早点儿结束回家、隔天比谁都还要早来上班就好了。这就是我推荐给大家的所谓“优越工作”。

而且有效地利用早上的时间本来就符合生理规律，对脑部的运作也比较好。

此外，清晨的这段时间，几乎没有电话或是来访者等会打断手边的工作，工作也能进行得比较顺利。早点儿切换到开始的状态，可以让精神更有余裕，这也是其中的优点之一。

早起不但能让一天的工作早一点儿开始，从效率面来看，也会产生很大的差异。因为早上的一小时，时间密度浓厚到足以匹敌白天的两三个小时。

“晨型社长所经营的企业，业绩超棒！”不仅是我这么认为，很多经营顾问在他们的书中，也都曾异口同声地说明过。

晨型人有效率的生活形态

日出时醒来、日落时睡觉，这是人类原始生命的规律，也是最自然的形式。

而创造出这个规律的，就是存在脑内的体内生理时钟。人类的运动机能和知能作业效率都受到生理时钟的控制，因此在不同的时间带，这些能力也会有所波动。

人类的体温在下午两点时达到高峰，午夜两点时降到最低。体温之所以上升是因为能量被燃烧，而身体的机能也因此而活化。所以，在体温上升时，从事适当的活动，是提升效率的重点所在。

脑部也是如此，早上起来到下午两点左右为止，是行动最有效率的时间带。为了能使这个时间带延长，如果从早上开始就有意识地从事可以提升体温的行动，纵使身体在毫无察觉的状况下，也能开始运作，使脑部活化。

晨型人与夜型人的差异不只在于脑部的运作时间长度，在知能的作业能力上也大不相同。就算是做同样的计算，晨型人的速度也比较快；而且一整天下来，与夜型人的工作效率相比，晨型人的工作效率并不会有太大的变动。

晨型人因为不违背自然法则，在与夜型人相较之下，可以说是最能有效活用大部分时间、促使自己进步的人。

早上的活动可以消除不安

日本厚生劳动省的《为养成健康睡眠指针的检讨报告书》(二〇〇三年三月)中，关于“拥有舒适睡眠的七要点”有如下说明：

“从睁开双眼看见日光开始，体内的生理时钟便已经启动。在人类脑中，有控制生理规律的生理时钟，而日光就是透过眼睛，刺激这个生理时钟，创造出最适合一天行动的节奏。早起当然也就早睡，睁开双眼，沐浴在适度的日光下，当然就能确保拥有舒适的睡眠。”

另外，厚生劳动省的一项研究指出，晨型人比夜型人压力少，精神方面也更加健康。

这是以滋贺县栗东市的职员为对象所做的意见表，检测这些职员上班时与回家时，唾液中所含的“可的松值[1]”（Cortisol，压力的生理

1　可的松是肾皮质所分泌的最主要的糖皮质激素（Glucocorticoid），压力会促使可的松的分泌。可的松能帮助身体提高血糖含量和血压，以对抗压力，但也会造成人们情绪和记忆的变化。

学指标）。

这个结果显示，晨型人与忧郁度低、上班时的压力指标也比较低有很明显的关系；而且，回家时的忧郁度和压力指标也只稍稍高了一点。

另外，“不安与失眠”的指标方面，晨型人也都是低的。

活化体内生理时钟的褪黑激素

生理时钟是一种由大脑控制的生理反应，而身体的各部位器官也都受其影响。人们会依据来自脑部的时间讯息，使生理呈现一种周期性的运作。也就是说，脑的生理时钟对身体各部位的生理时钟而言，是“标准时间”。

把这个脑的标准时间讯息发给身体各部位的生理时钟荷尔蒙，就是所谓的“褪黑激素”（Melatonin）。

褪黑激素已被证实会对生理系统、睡眠、免疫、生殖机能等产生影响。

例如依据生理时钟调整的褪黑激素在传达讯息时，会对睡眠与清醒、体温调节、淋巴球的动静、成长激素的分泌等作用发挥效果。

以下介绍一个试验。

有个案例是在跨越子午线（国际日期变更线）的旅行之后，服用褪黑激素的人当中，效果最好的是在就寝前三十至九十分钟，服用五至十毫克的褪黑激素。从到达的当晚开始，若时差状况已经消失的话，就马上停止服用。

合成的退黑激素在美国的健康食品中，已经成为主力商品。它因被视为不残留至隔天的“安眠药”而受到关注，但若要作为补给品的话，一定要经由医师指示再来服用。

起床后马上拉开窗帘

为了能舒服地醒来，没有什么比让身体切换到活动模式更重要的了。

因此，一定要记住的是“眼睛是心灵之窗”这句话。早上起来，毫不犹豫地就把窗帘打开，在看见朝阳的同时，脑中也认知到“早上了！新的一天开始了！”身体马上精力充沛地将讯号传达到身体各部位。

根据季节的变换，有时早上五点可能天还没亮，但还是先把窗帘打开。总之，要每天持续做这件事，确实养成早起的生活规律。

早起可以成为健康美人

例如做“睁开眼睛”“动动嘴巴”“挺直腰杆”等动作时，人类的身体会使“抗重力肌”“背肌”等肌肉运动。支撑这两种肌肉的是一种被称为“血清素”（Serotonin）的神经传导物质。

血清素可以说是传达全身网络的血清素神经，现在已经证实，早起可以锻炼这种物质。

为什么血清素会因为早起而活化呢？这是“太阳光”所造成的深刻影响。即便是雨天或阴天，阳光还是会比室内光线更加明亮，而让血清素活化。

因为在办公桌前工作的人，外出机会很少，所以早起时，充分沐浴在阳光下是很重要的。

还是早点儿改变日夜颠倒的习惯

晚上好好睡觉、白天则专心度过活动时间，人类这样的行为，不管经过几百万年的岁月，总是与我们同在，也让太阳的光成为生活的一部分。

不过，如果老是过着日夜颠倒的生活，脑总是没办法排解疲劳，血清素神经的运作就会受到阻碍。

如果因为熬夜使得血清素神经无法运作的话，就会造成肌肤与肌肉的老化、眼皮松弛，也可能会出现情绪失衡的情况。

不管再怎么放心不下的事情，就算熬夜去做，早上也要在固定的时间起床，保持生活的规律，并重新开始。

即便是处在不容易控制就寝时间环境下的人，实践早起、调整生理时钟仍是非常重要的。

女性的三种生活形式

女性的生活形式可以概略分为下列三种：

1. **未婚——没小孩。**
2. **已婚——没小孩。**
3. **已婚——有小孩。**

其实，还有一种“未婚——有小孩”的生活形式也应列入讨论；但可惜的是，并没有这类相关数据。因此，我们就只针对以上三种生活形式来说明。

这三种生活形式中，“已婚——有小孩”的女性，有三分之一是在早上六点起床，另外的三分之一是在五点到六点之间起床，剩下的三分之一是到六点三十分才起床。

女性的生活形式中有一个特征，也就是已婚的女性，其中有小孩的女性，为了在早上完成“用餐、清洁、扫除”等身为主妇必须要做的事情，特别容易实行早起。

相较之下，最容易“晚睡晚起”的是二十至三十岁的未婚女性。

有小孩的女性，会为了小孩而订下早起的目标，并以早睡早起来配合生活的规律。

已婚女子早睡早起？

	起床时间	就寝时间	回家时间
未婚女性（没小孩的女性）	7：00	24：00之后	20：00
已婚女性（没小孩的女性）	6：30	23：30	19：00
已婚女性（有小孩的女性）	6：00	23：00	18：00

当自己成为晨型人时，性格也会改变

人类究竟是“过眠”（睡十小时以上）长寿？还是“浅眠”（四至六小时）比较长寿呢？根据美国人寿保险公司的数据，结论是“短眠的人比过眠的人长寿”。

透过上页图表也可以了解，日本女性的睡眠时间很短。但却是世界第一长寿，特别是人生中工作最勤奋的四十至五十岁日本女性，可以说是世界上最短眠的人。

日本女性睡眠时间短的特征，是由日本过去的风气所致。

1. **有明确的目的意识（准备用餐、清洗等工作）。**
2. **日本过去的风气（比丈夫早睡、比丈夫早起等）。**

例如江户时代的儒学家贝原益轩，在他的《养生训》中提到应该控制三欲（食欲、性欲、睡眠欲），而且以前的日本风气是奖励早起的。

医学上也证实，视床下部的海马会保留一时记忆（浅层记忆），若在侧头叶反复记忆一百天，就会成为永久记忆，这证明了在前头叶的地方，会产生自信的转变。

改为超晨型生活，人生产生激变

接下来这部分要介绍超早起让以往生活彻底改变的两个案例。

【案例一】自由职业女性（二十六岁）

这位女性二十岁时于短大毕业，直到二十四岁为止，是个每天固定在早上六点起床的上班族。

二十四岁时，她与经营便利商店的先生结婚，没过多久便怀孕、生了小孩。若要说生活起了什么变化，那就是为了帮忙经营便利商店与照顾小孩，得比过去上班时还要早三个小时起床。另外，睡眠时间也比过去少了三个小时，变为五个小时。

刚开始，白天当然会想睡觉，但经过三个月的时间，这种生活步调已经变得规律、自然，甚至可以说精神变得更好了。

问她觉得改变最多的地方在哪里？她是这样回答的：“晚上变得能够完全熟睡，到了早上，因为有目的意识，马上就可以起床。”

此外，他们的商店也从一家扩增为三家，业务似乎变得更加兴盛了。

【案例二】上班族男性（二十六岁）

这位男性大学毕业后就到贸易公司工作，繁重的工作、复杂的人际关系，让他感到压力相当沉重。

因此，上班一年后，他便选择辞掉工作，转职为补习班讲师，担任对象为高中生的晨间班老师。过去还是上班族时，他每天七点半起床，

脑与记忆系统

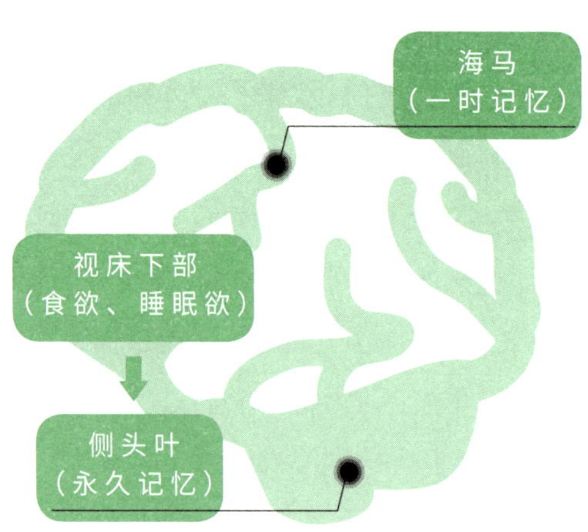

现在则不得不在四点起床。

这样的生活持续经过三年，当他被问："对你自己来说，什么地方改变最大？"他的回答是："因为担任考生的指导，我对自己产生了自信，我希望能在三十岁以前独立。二十四岁时，我第一次交到女朋友。以往的我都是靠着父母生活，如今我也能在公寓里，开始过着独立自主的生活了。"

这里所介绍的两个案例的共通点是：因为早起，让生活发生了改变，就连人的性格也能随之改变，人生可以说是转为朝向"幸运区"的方向前进。然后，意志力也变强了，这可以说是"目的意识"确实确立的缘故。

早起让人际关系变好

所谓人际关系，就是对待喜欢的人与不喜欢的人的两种心理。

对于不喜欢的人，就要忍受各种不同的压力；对于喜欢的人，因为会用愉快的心情交往，见面的时候就会产生能量。

所以，对不喜欢的人，不满就会变成压力；对喜欢的人，感谢就会形成能量。

以下用医学的说明来解释这一点。

例如在英文课上被A老师严厉斥责，就会因为讨厌A老师，连英文课都不想去上，最后发展成逃学的情况。跟这很类似的情况是在职场上，因为和上司不合，而产生想跷班的意念。

逃学或是跷班，不只是病名，也是一种心理状态，称为“适应障碍”。出现适应障碍时，不只是英文课，就连其他课也不想去了。

治疗这种疾病的方法，就是接受不喜欢的人，做到不偏颇。

曹洞宗的坐禅有“只管打坐”之称，就像这种心境一样，只是去上课（或是去上班），都是很重要的。

能够持续下去的话，就能发现别人的优点；能够看到别人的优点，也就是自己的心已经确实做到了。其中，谦虚地倾听别人的话，是非常重要的。

即使是需要整天专注的健康法，只要一年、三年、五年持续下去的话，成果也会远比想象中的大许多。这就是从“平凡”到“非凡”的变化。

接受自己不喜欢的人、不喜欢的环境，创造不管什么都好的心境，这就是平衡的感觉，如果能够做到这个境界，全部的事物都会变成自己的能量。

日本人最长寿与早睡早起

我的父亲税所厚在他的著作《早起身心健康疗法》（一九八三年）一书中，订下了“世界上最长寿的人是早起实践者”这个标题。在这标题下，有如下的叙述：（这是描写关于公元一九七七年九月被发表在新闻中，一则有关日本第一长寿者的报道）

坐上这个宝座（该篇报道中的长寿者）的是鹿儿岛县的泉重千代先生，（略）他生于一八六五年六月二十九日，迄今已一百〇二岁。现在依然神采奕奕，拔拔院子里的草，也亲手种植花草。白天吃过用油炒的面线之后，便睡午觉到下午三点左右。（略）下半身还很强健，眼、耳、口都很健康，气色也很好。（略）问他长寿的秘诀是什么？他摸着正字标记的白胡须说：“不知不觉就到了这个年纪，我想应该是早睡早起、适当地活动身体，并让自己周遭保持清洁的缘故吧！”他若无其事地回答。他也无视现在流行的快餐食品，他说：“现代人富裕的背后是虚弱啊！

我到了四五十岁的时候，才知道所谓的血压、糖尿病等词语。”

当时日本第一长寿者泉先生所说的话，对如今睡眠与饮食习惯混乱的现代人来说，无疑是敲了一记警钟。

先贤的早起健康法之实践

除了我父亲以外，下面要介绍的是其他早起健康法的实践者，同时也说明我的感想。

塙保己一——江户时代的盲眼国学家

七岁失明的塙保己一，不但实行早起，也读《般若心经》来磨炼心灵、锻炼身体，他编纂了《群书类从》正篇六百三十五部，也完成了续篇一百六十部，是古今少有、非常杰出的大学者。

《群书类从》在幕府、诸大名、神社佛寺等多处机关协助下，收录了江户时代初期出版的史书与文学作品，总计有一千二百六十七种，实际上花了四十一年的岁月才完成。从《群书类从》开始，塙保己一在残存的数千册书籍中，研究日本文学与日本史，成为今日不可或缺的贵重资料。

二宫尊德[1]（一七八七～一八六五）——重建财政的专家、报德运动的始祖。

通称“二宫金次郎”的二宫尊德，少年时期父母双亡，他独力重振因为灾害而没落的家……这层经历形成了他以德报天、地、人三才之德的报德思想。

有了“子时就寝寅时起”（深夜零时就寝，清晨四点起床）决心的金次郎，在油灯的微光下吃完早餐，就立即出门巡视村落，为村民进行农业指导。实际上，金次郎的早起，可以说是为了得到村里耆老的奖励。

他教导大家：“早上醒来一定会想再睡，这时就想想今天工作的顺序或其他的工作程序，早上早点儿到田里，在看得见手纹（手掌心的纹路）时努力工作，日落之后就应该早点儿回家。”诸如此类。

金次郎日复一日，每天早出晚归，是典型的“晚睡早起”。最终复兴了家族、村庄，实现了兴国安民，将工作方法体系化的他，在一八二二年（文政五年）受到小田原藩的重用，一八四二年（天保十三年）因担任工事修筑的幕臣而飞黄腾达。

1　二宫尊德是日本的教育家、农学者，也是明治时代本土派的思想家，明治天皇将其列为典范人物，列入日本的国民教育教材中。台湾在日据时期，各学校也都摆放有足踏草鞋、身背薪柴、手捧书卷的二宫尊德雕像。

早睡早起与长寿的关系

在其他方面，我的父亲也提道："如果有健康的生活，不管出生时是多么体弱多病的人，也可以得到健康长寿的幸福。相反地，如果平时不注重健康生活，不管出生时多么身强体壮，我们也可以确知这种人是无法长寿的。以下简单记述几位长寿名士，他们一天生活的重点。"当中提到当时医学界、实业界、宗教界等社会重要人物中的长寿者，他们的共通点就是实行长寿法，说明如下：

1. 实行早睡早起。
2. 就算年纪大，也不失去梦想和希望，坚持人生的意义与价值观。
3. 工作是人生的全部、是生命的所有。玩乐与工作一致的人。
4. 禁酒、禁烟，或是节酒节烟。
5. 励行适度运动、腹式呼吸、冷水摩擦、走路健康法等。同时也是性情中人。
6. 有信仰、信念的人。

⑦ **其他，如天然食物的摄取。**

看了这几点，完全可以接受这个想法，而且也充分理解，原来“长寿的秘诀”是从古至今都没改变过的。

禁止睡眠会导致死亡

在距今一百多年前，俄罗斯有一个针对十只小狗的试验。

这是禁止十只幼犬睡觉的试验。试验过程只有禁止睡觉而已，之后经过四五天，被禁止睡觉的幼犬全部都死掉了。

接续这个试验，多数科学家也对老鼠与成犬进行相同的试验与研究。结果也一样，最后确认所有的动物都会死掉。

这些动物的体内究竟产生了何种变化呢？最大的变化在于脑部，脑以外的部位几乎看不出什么改变。

那么，脑部究竟产生了什么样的大变化呢？

我们可以看东西、运动身体，表现出喜、怒、哀、乐的表情，是因为大脑中神经细胞的神经元可以处理进入脑中的讯息。

所以，在被禁止睡眠的动物脑中，有很多神经元受伤、损坏，因而导致死亡。

那么人类究竟可以几天不睡觉却还能活着呢？

一九六四年，根据睡眠研究家的观察，由美国一位十七岁高中生所创下的世界纪录是二百六十四小时十二分（约十一天）。金氏世界纪录中虽然有更长时间的不睡纪录，但因为是自己申报，没有睡眠专家在场见证，所以不被承认。

不管怎么样，人类和其他动物一样，完全不睡的话，绝对会死掉的。

睡眠可以说担任着保护大脑神经元的重要角色。

通常，我们没有办法一天不睡，长时间醒着的话，大脑神经元会发出“差不多该睡了”的讯号，这就是睡意。所以睡意是为了使神经元不受伤害而产生的。

在经过适当的睡眠后，隔天能够恢复精神的原因是，在睡觉的时候，大脑可以确实被“检视”“维修”，同时，创造身体的“细胞”也能够“修复”“再生”。

而且在睡眠中，大脑的神经元会伸出所谓的神经纤维长突触，互相联系，制造出新的联络网络。这么一来，脑内讯息传递的路径就会继续增加。

因此，可以说在我们睡觉的同时，也会变得越来越聪明。

/

C H A P T E R

/

03

人生，

/ 早起三光、晚起三慌 / 的理由

“三文之德”抑或“三文之得”？

日文中有句话：“早起きは三文のとく。”〔早起有三文之得（德）〕其中“とく”的意思究竟是“德”还是“得”，虽然我做了各种调查，不管是哪家出版社的字典，解释的意思都不一样。

实际上，就算是同一家出版社出的《国语辞典》，也发现“得”与“德”的解释都有出现。

《国语辞典》里写的是：“早起有三文之得……意思就是早起的话，可以获得很多。原本是单指早起可以获得三文钱的意思。”

相对地，在同一家出版社的《成语辞典》中写着：“早起有三文之德……比别人早起工作的话，必定能够有所得的意思，‘德’与‘得’同。”

即便如此，也有人会觉得早起的收获“三文等于微不足道”似的。

不过我的想法是，这不正是一种“虽然认为好像是没什么大不了的价值，但实际上却隐含着相当重要的意义”的词句吗？

不是“三文”的理由

原本的“一文”到底是多少？

物价会根据时代而变化，不能一概而论。以相较于江户时代物价相对安定的文化文政时代（一八〇四年～一八三〇年）的物价来看，一文大约是三十日元。

这样的话，三文就是九十日元了。如果说十天有九百日元，那么一百天就是九千日元，一千天（约三年）就有九万日元。

不管是什么样的健康法，只要能持续下去，就会带来相当大的动力，而且会为身心带来健康。

我经常引用的例子，是已故的东井义雄。他身为日本兵库县东光寺的长男，战前战后的人生，都一心一意地奉献于教育。

东井先生从年轻时就开始全心投身于教育，直到平成三年，他七十九岁的人生结束为止，他都在日本各地演讲。以下我简要地叙述东井先生的故事。

小学六年级时，他变成一个全盲的男孩，他的希望是：“如果眼睛可以看得见的话，我第一个想看妈妈的脸。”但这只是偶然的想法。

“不过，如果可以看到各式各样的东西，我一定会这个也想看、那个也想看，这样可能很糟糕。虽然眼睛看不见很不自由，但却不是不幸。为什么呢？因为我可以快乐地想象各种事物。”

总是想着“现在的自己就很好了”的他，每天早晨起床时，向着太阳双手合十，这样经过一百天，他的眼前竟清楚地出现了他母亲的容颜。接着，他又以下一个一百天为目标，持续在早晨的时候向着太阳双手合十。

因为十二岁的时候觉悟了不自由与不幸的差异，所以每天早晨起床之后向着太阳双手合十的意志力，增强了他的体性神经，成了打开名为“希望”的心灵之眼的少年。他从早起开始找到自己，透过向太阳双手合十的动作，发现了自我生存的意识。从这里得到的不只是“三文”，更有远远超过“三文”的价值。

晨间活动持续增加中

根据最近的倾向，从上班前的早晨开始，参加茶道的练习、瑜伽、禅坐或早餐会的人似乎有急速增加的趋势。受到这样的时代潮流影响，有举办各种讲座等的工作室、现场谈话节目，都选在晨间时段进行。

如果从早晨就开始沉浸在兴趣之中、培养自身教养的话，那收获绝不止“三文之得”。

同样地，这些从早上开始的活动，可以说的确是和人的生理时钟正好吻合的聪明做法。商业区现在也开始兴起一股如何有效地利用上班前时间的风潮。

人的生理时钟往往受到自律神经的控制，具有紧张作用的交感神经在最具优势的早上五点到晚上九点间活动；而具有放松作用的副交感神经则是在晚上九点开始到早上五点间，像是睡眠状态般地进行。

人类的体温也是一样，早上醒来之后体温开始上升，并在下午两点到达巅峰；之后随着时间的流逝，愈到夜晚，体温便逐渐下降。在这个体温上升的时间带，脑也会跟着活化，效率也容易跟着提高。

因此，最佳的生活作息是在晚上十一点就寝，早上五点到六点间起床。

特别是女性上班族，利用加班后的时间用餐或是参加喝酒会来恢复精神等，都容易造成“晚睡”的结果。如此一来，睡眠时间自然也会被剥夺。若因而成为夜型人的话，不但会破坏自律神经的平衡，也会累积疲劳，可能造成生理不顺或不孕症等问题。

这不只是女性的问题而已，晚睡早赖床的夜型生活，不仅使体性神经衰落，也会造成自律神经的衰弱，把身体搞坏，也有因此变得抑郁的案例发生。

早起的三个效用是什么？

早起的效用可以分为三大类：

❶ 养成正常的生活规律

每天早起可以使每一天的生活变得规律正常，提高人类自古以来即拥有的自体免疫力（自然治愈力）。

此外，早起不但有助恢复身体健康，对于身体状况的变化也会变得比较敏感。譬如好像要生病了，自己也可以很快地发现，只要能早期发现身心不舒服的变化，对于早期治疗是很有帮助的。

❷ 使人生目标明确

在因为早起所产生的属于自己的时间里，可以好好地想一想这一天该怎么度过。从贫乏的生活中是不会诞生人生目标的。另外，也不要迷失应该拥有的目标。

每天早上让头脑清醒十几分钟，如果能够集中在自己的目标上，不只是建立当天的计划而已，也能建立将来要持续进行的长期计划，并且还可以让你积极地朝向目标迈进。

❸ 能够发挥长处

早起不仅想法会扩大，内心因而产生的那份从容，也会让人有坦率、清澈的心灵。

不管是谁，都有优点和缺点，“晚睡晚起”的人不管怎样都老是一个人想东想西，他们具有总是为自己的缺点与短处烦恼的倾向。

关于这点，如果早起的话，不仅能朝积极的方向思考，还有助于发挥自己的长处。与早晨的自然接触，不管是谁都会敞开心房，展现出自己好的那一面。

此外，早起的效用之一，还有“增加气力”一项。气力具有积极的意志之意，也就是说，会使人“产生动力”。

所谓身心如一

佛教曹洞宗的始祖道元禅师曾说过这样的话：“爱语有回天之力”，这句话有“来自他人真心说出的话，可以改变自己的人生”的意思。也就是说好的话、好的文字不但会激起人的进取心，还可以改变人类的命运。另外，“回天”也有“使世界的状态完全改变”的意思。

每天阅读文字和语言，在说服自己的同时，人也会跟着改变，这个思想就是“积极思想”。与之相反的是，如果内心怀抱着不满，就会变成压力；如果往好的地方想，内心就会充满感谢的能量，也可以说是：“不满造成压力，感谢成就能量。”

将这个人类的语言和文字实现化的正是“身心如一”的心境。让心与身体相连，使之成为一体。思考好的事情，然后实践这个想法，将会造就不凡的自信。

例如明天想要早上五点起床，如果能够顺利地做到，这就会成为能够实践自己决心的自信，也就是所谓“身心如一”的心境。

早起可以获得的三种“气”

从日本医学的见解来说，“气”对人的健康会产生某些作用。从各方面来看，也都有被公开发表的实证结果。

这里所说的“气”，虽然也可以说是“百病生于气”的“气”；不过，人的健康原本就分为“精气、元气、锐气”三种。

❶ 精气（能量）——万物诞生发展的根本之气；另外，也可指身心维持活动的毅力。

❷ 元气（活力）——可以说是活动时的气力。

❸ 锐气（精神）——敏锐、坚强的气质与气势之意。

这里的三种气——“精气、元气、锐气”都充满在人体内，经常使其循环的话，就能带给生活满满的动力，可以说是人应该要更加充实的东西。

人原本就是靠那样的气力而生存，所以转换心情、源源不绝地注入新鲜的气力，是联结身心健康的途径。

幸福的三要素是什么？

我认为能使人幸福的三要素，不外乎以下三点：

1. **充实的经济（工作）。**
2. **健康。**
3. **和谐安稳的家庭（夫妇、亲子、兄弟姊妹）。**

在这之中，最重要的应该是“健康”吧！因为工作与家庭都须以健康为中心才能成立。

那么，该怎么做才能保有健康呢？直截了当地说就是“早起”，而早起需要靠意志力来办到。

所以，体性神经（可以靠自己控制的神经系统）与自律神经（与意志无关的运动神经系统）达到良好的平衡是非常重要的。

这不是说非得每天早起，而是希望一周之中能有三天（目前的话一天也可以）实行“晚上十一点睡觉，早上五点起来”的作息制度。

如此持续的话，人的性格会有很大的转变，可以达到以下的状态：

- 三个月刚毅——成为意志坚强、不屈不挠的人。
- 六个月豪气——成为心胸宽大、不拘小节的人。
- 一年强势——成为做什么都心想事成、能够创造成功步调的人。

能够支配早晨的人，就能支配人生

我与已故的原大日本印刷化学工业股份有限公司社长川村茂邦先生曾经有过关于早起的对谈。川村先生是将大日本印刷化学成功转型为一大综合化学企业的人物，也被誉为“相信别人、不怨恨别人；为人谦虚、绝不骄纵；不知恐惧为何物的男子汉”。

当时，川村先生每天例行清晨四点起床的生活，并持续了三十年以上。这样的作息，让川村先生深切地感受到因为早起，使得“运势”得以向上提升、拥有“目的意识”等好处，也让他怀抱了“凡事都一定可以达成”的坚强信念。

对人类这种生物来说，烦恼是与生俱来的；不过最重要的事，是该如何停止烦恼。川村先生说过：“早起能够将负面思考的轨道修正为正面思考的轨道。能够支配早晨的人，就能支配人生。”

而且他还这么说：“公司里的夜型人，并不适合担任管理职层。”

理由是，夜型人有强烈的消极倾向，所以没办法做正向思考。相较之下，早上精神很好的晨型人，不管遇到什么事情都很积极，所以可以说是适合具备目的意识的管理职层。

此外，晨型人不管发生什么事，都会抱着“明天再重新来过，好好加油！”的正向想法。相较之下，比夜型人坚强多了。

不气馁“再试一次”的积极性

像这样的积极生活，绝不是与生俱来的！持续一百天的早起，可以让人产生自信，就算失败了，再试一次，再接再厉的强烈感觉，就可以帮助自己积极地做下去。

实际上，这种“再试一次”的感觉，就是“转换心情”的意思，是非常重要的事。

无法实现自己在早起同时所决定要达成的目标……这个时候，老是陷入烦恼中是很糟糕的，这样是无法向前迈进的。

“我做了 ××× 这件事,但结果却没有达到目的。所以我反省自己，发誓今后将努力做好 ××× 这件事。”

如果有反省，马上就可以转换心情，这是很重要的，因为问题的关键在于要一直拥有正向的想法才能够继续做下去。

目的意识与感谢的心

销售奔驰及维修的公司史坦中央代表董事长中岛武夫先生，是我所尊敬的早起恩师。

中岛先生固定早上三点起床，四点到六点之间，抄写三张《般若心经》。不可思议地，每天一到早上三点，他就会自动醒来。他总是带着笔墨，连到海外出差，也会在飞机上抄写经文。

到一九九三年（平成五年）元旦为止，他已经写了五千张经文，到一九九七年（平成九年）十一月十六日，终于达成抄写一万张的心愿。

中岛先生总是谈论关于“目的意识”的话题，但他也说，早上起床时，与其带着讨厌、不想起床的想法，不如“抱着愉快的心情，马上从床上跳起来”，这两种心境可说是天差地远。

抱着目的意识、带着愉快的心情起床，就会拥有“感谢”的感激之情。可是如果没有目的意识，早起的意义就会减半，也会在带点儿忧郁的感觉下，开始新的一天。

事情发生时，是“以面对好事并乐于接受的心境”还是“带着不满的心境”，其实都来自自己的想法。

例如给人一千日元，有人会想：“只此而已。”但也有人会说：“真是太感谢了！”另外，就算是同一个人，具备目的意识的情况与没有目的意识的情况，也会因接受的对象不同而有所差异。

“先具备目的意识再去行动的话，自然会对事物怀抱感激之情，而懂得感谢。”中岛先生说。

因为中岛先生以自然的态度持续早起并抄写经文一百天，在脑的视床下部侧头叶已成为永久记忆。对已经持续抄写经文十几年的中岛先生来说，在安定的状态下，更加能够实现目的意识。

正向的“压力连锁反应”是什么？

下面有另外一个例子。

某位夜型人的父亲，星期六、星期日会在五点起床，养成去散步的习惯。而他的母亲因为受到父亲的影响，也跟着有了一起散步的习惯。

不久之后，以往过着昼夜生活颠倒、患有睡眠节率障碍的国中三年级儿子，也因为睡不着，跟着父母一起去散步。

没多久，连年纪最小的五岁女儿，也表现出想要积极参与晨间散步的决心。

就这样，一家人便全都成了晨型人。对小孩子来说，并不是因为听了父母的话，而是模仿父母，自然而然就跟着做了。

这就是正向的“压力连锁反应”。与之相反的是负向的“压力连锁反应”，也有模仿父母，结果全家都成了夜型人的例子。

由此可见，如果父母都能成为值得学习的榜样，那么全家必定能朝正面的方向迈进。

/ CHAPTER /

04

任何人都可以 / 轻松早起 / 的理由

首先“多多少少”做做看

在这里我想要说的“多多少少”，绝不是“不负责任地懒散马虎”之类的意思。

所谓的“多多少少”是指“往好的方向多少做一点儿”的意思。为了创造出好的状态，一方面衡量自己身心的情况，依照自己的程度增减。“多少”如同字面上所见，就是“多多少少”。

不管怎样，没办法在理想的方式下处理事物时，用摆架子的想法是没办法持续下去的，如同其他地方所写的：“失败了，改变心情再出发。”多少要有这样的余裕，才能继续下去。

重要的是持续。在这之间就算有点儿小小的失败，还是以三个月为目标，“不勉强”“带着余裕的心情”去实践，是非常重要的一点。

再怎么不想早晨去散步的话，那么一天至少在家里走一圈也好。如果没有做晨间体操的心情，就算只是动动手脚也没关系。

不过，请务必跟自己说只有早起是“必修”的。只要持续三个月，一定会有很大的成效在等着你。

表明为了达成目标的决心

在独特的疗法里，通常我会使用“承诺”这个词。“承诺”是出现在《古事纪》《日本书纪》《延喜式》中的语词。在不同的书里，写法也不一样，如《古事纪》是写“宇气比”；《日本书纪》写“誓”“誓约”“盟”等；《延喜式》则是写“请”。

不管是什么，都是在对古代人的神的意识基础上，用来作为“宇宙支持正确的方式”“只要用真心去做，没有不可能的”等祈求的仪式。

原本“承诺”在古语等字典中，读作“うけい / ukei”，而我税所式读法“うけひ / ukehi”也是遵从自古以来的通用发音。这与我税所家的出身有关。

站在医师的立场，将早起确立为疗法之一的父亲税所厚，出身世袭，为鹿儿岛神宫的宫司（负责祭祀神明的神官职位）家长男。父亲基于继承神职的职责，从少年时代开始，就受严重的精神病折磨，后来为了克服这个病，而走上医师之途。

所以早起原本是要开发可以有效作为治疗精神病、忧郁症、身心症的系统。

这样的父亲，为了实现这个目标，每天一方面实践早起，一方面不断祈祷，终于发现早起所能产生的巨大效果，而这个祈祷就是“承诺”。

有坚定的决心就能心想事成

父亲在他的著作《早起健康疗法的理念》一书中，以自己亲身戒烟的例子来说明所谓的“承诺”。

当时是还没有高声主张抽烟与引发癌症有关的时代，父亲在实际开始戒烟前，花了一个星期左右考虑。最后，终于下定决心“这一生，都要告别香烟”。

但是，到了紧要关头，要实行戒烟实在很困难，不是那么简单就可以做到的。因此，我可以深深地体会到，对那些爱抽烟的人来说，怎么也戒不掉香烟这件事真的很令人烦恼。

因此，父亲开始做了“承诺”。借由以下长篇的引用来说明。

为了实行“早起”，首先要有决心。如果有坚定的决心，必能心想事成。决心跟“誓言”是一样的，“誓言”有约束力，在约定之前必须深思熟虑，而这个“誓言”也是对自己本身的发誓，对他人来说也是成立的。另外，也有对天发誓的情况。具体来说的话，一天开始的时候，用强烈、坚定的态度，将双手放在心上，向天地（以及自己）发誓：“我本人，今天要戒烟，以上的话，我用生命来实践。”话一说完，若因后续不再坚持，很快就会忘得一干二净。如果失败了，直接用强烈、坚定的态度向天地（以及自己）表示歉意，以洗心革面、重新出发的心情，诚恳地说："我本人，打破了刚刚的誓言，由衷地感到愧疚，下次绝不再犯。"不管重复几次，都要持续实行下去。发誓的对象可以把天地换成神佛、父母或是任何对象。以上的仪式就可以说是"承诺"。

在这段文中也提到，和早起的实践一样，对天发誓（以及对自己）要戒烟，"以后却没坚持"的事情。之后，如果戒烟失败，就向天地（以及自己）致歉，另外重新发誓。在不管重复几遍的情况下，终于能够成功地戒烟（或是实现其他的愿望）。

为了打击忧郁症，我把这个"承诺"当作"武器"，重新再建构。

在父亲的著作中，叙述了"对天地（以及对自己）"所进行的祈祷，而我则是明确地指导"针对自己本身去做"，因为在能做到的范围里比较好。在自己的心中播下"热情的种子"，并进行浇水培育的工作，这正是承诺。

如果对戒酒或戒烟等，只是抱着"不久就会想要戒掉"的想法，是无论如何也没办法痛下决心的。

此外，不管在什么契机下做出"早起"的决定，如果将早起的实践与"戒酒""戒烟"一起列为目标，是有希望达成的。

关于“决心”“表明决心”

对“承诺”这个词抱着“不知道是什么、小题大做”印象的读者，让我用比较贴近一般说法的“决心”或“表明决心”这个字眼来说明。

① 反省自己的缺点与弱点，并具体写下来

家庭内外的对人关系（对于妻子、丈夫、父母、子女、儿媳妇、公婆、上司、同事、老师、朋友、熟人等的态度）。

对人关系以外的日常生活习惯（对于酒、香烟、赌博、异性关系、癖好、玩乐、学习等的态度）。

② 具体写下祈祷的内容

先从小目标的设定开始，例如不是写“每天早上五点起来”，而是写“只要周一就好，早上五点起来”等，从非常简单的地方开始设定。重要的是，这不只是消极地说：“希望可以做到……”，而是要用“一定要达成………一定要达成……”这种断定式的语句。

首先，先从眼前的“小目标”开始达成，之后就可以一点一点地提升难度。

因为这也可以说是行动疗法，将自己的决心具体明文化之后，在心里对这个内容发誓，加深决心。每天要尽可能地重复读这个内容，只要自己能对自己持续发愿，即便是在水面下的潜意识，终究也会浮出水面，与自我改革联结在一起。

用这样的方法，如果可以成功早起的话，自然而然也会产生出自信。

首先，漫步在早晨的空气中

走路对身体来说是最温和的运动，但很多人因为担心运动会受到伤害，所以都变得不爱运动。这不只是人类，所有的生物都一样，都在寻求减少运动量的方法。

因此，请在早上五点起床，像弹簧一样开始走路吧！

“好不容易早起了，就到外面去散散步吧！”

如果抱着这种想法，那你就没问题了，请马上准备走出户外吧！

预先准备好散步路线是很重要的！请配合身体的状况与时间，规划往返时间约“三十分钟”“六十分钟”“九十分钟”的三种路线。

早晨散步最重要的目的之一，就是沐浴在太阳光下，修正生理时钟与生活时钟的差异。为此，必须要先了解自己现在的睡眠习惯。如果可以做到，就应该可以成为解决睡眠问题的第一步。

晨间散步请带着行事历

走路时所运动到的肌肉，会将刺激传达到脑部，使脑部开始活化。脑的血液量增加，就可以传送足够的养分到脑细胞，使全身的活力与新陈代谢亢进，进而使脑的运动变得更加活跃。

开始实行早起之后，如果可以掌握自己的步调，建议你不妨带着一本行事历。举例来说，在明确区分上午、下午、晚上栏位的行事历中，去程可概略地写下预定计划，例如写下“应该做的事情”“预定要见的人”等，如果能在回程的途中，决定这些计划的具体内容，不是很好吗？

更重要的是，如果成了“早晨散步达人”，不只是当天的预定事项，就连明天、后天，甚至是写下未来的行程，也会带来前面章节所说的“表明决心”“发誓”的效果。借由晨间散步，可使身心舒爽，并利用这个感觉做做“早晨体操”。而最适合这样慢慢地、沉静地使身心温暖起来的运动，就是瑜伽了。关于瑜伽体操，请参照一三〇页。

为了达成目的的集中点是什么？

战国之雄织田信长每天寅时（早上四点）起床，把骑快马来回四里（约十六公里）当作每日的功课。

听说他在去程的两里思考各种问题，在回程的两里，想出关于问题的解答。历史也证明，信长独创的快速行动力与决断力，和这样的生活节奏，都是因为早起所产生的。

信长在对上今川义元两万五千名兵力时，仅以两千名兵力跟他对抗，取得胜利时，他只有二十六岁。信长与优秀的部下秀吉一起用一点集中型的方式来攻击对方，也就是敌方不是两万五千名士兵，而是今川义元一个人，真正做到毕其功于一役的攻击。

虽然这场战役在历史上被认为是奇袭，但对信长来说，并不是奇袭，而是为了达成胜利这个目的而集中一点的结果。

另外，信长并不是借由重复无谋的战术而让武将成长。不打没有绝对胜算的战役！如果情势不佳就暂时后退，采用欺敌战术。这种明确的决断与速度感，应该就是从早上骑马的生活节奏中锻炼出来的吧！

我的父亲也是精神科医师，在诊断时，他经常教我，保持身体健康才是最重要的。因为患者虚弱，所以必须仰赖医师，因此身为医师最佳的对应方法，就是让患者安心。

我也忠实地遵循这个教导，总是在晚上十一点就寝，早上三点就起床。

回顾自己一次

所谓“内观”，如同字面意义，就是观看自己本身的内在。回顾一下到目前为止，自己内心所探索到的“自我史”。

“内观”原本是净土真宗的“审身[1]”，是为了穷究佛教境界的方法之一。所谓自我存在，原是从宗教式的佛力、佛恩出发，是一种自觉靠所有力量、所有事物才能有效生存的方法。

将这加以改良，便成为以心的安定为目标、用来应用的治疗法，称为“内观疗法”。

用现代的方式来改良这个方法。内观法中，除去带有宗教色彩的“吉本内观[2]”，被活用在一般的逃学儿童、少年的不正当行为、忧郁症、精神病、身心症等的治疗与自我启发方面。我与吉本内观的开发者吉本伊信先生虽然只有一面之缘，但在敝研究所中所进行的内观，也是以吉本内观为基础的。

1　在孤立的场所里，用断食、断眠等严苛的条件，促成自己彻底内省过去的人际关系等。

2　主要是以感谢、奉侍、忏悔为内观的三原则来自我省察。

内观并不困难，只要在安静的空间里，隔绝日常声音的刺激，依照各式各样人（双亲、兄弟姊妹、祖父母、配偶、朋友等）的相关年代顺序来想，不管发生过什么事，都把它写下来就可以了。

主题有以下三点：

1. **自己可以得到的事情。**
2. **自己可以回报的事情。**
3. **让自己迷惑的事情。**

用客观的观点写下这些事情，重新认识自己的内心，一心一意地写下笔记。对每个人的调查结束之后，再重复同样的动作。这么一来，第一次没想到的事情，第二次、第三次就会想起来。

然后记忆的薄纱就能逐一厘清，唤醒从没想到的事情，以往的误会也能冰释。

这么做的话，不但可以发现新的自我，也能重新认识与周遭的关系，在自己实行早起时，也可以重新问问自己要以什么为目标。

第一次的内观体验

我第一次体验内观是在刚过二十岁没多久的时候，那时的生活，正是一个乱到不能再乱的时期。那样的我，在奈良的佛寺里，接受为期一周的内观。

刚开始的前三天，我也曾考虑过要逃走，但到了最后一天，我的内心却产生了很大的变化。在离结束还有几小时的时候，刹那间，我第一次发觉到，我对我父亲没有任何回报。而其他的事情，也在我不得不自我反省的事情中，一一浮现出来。

“自己应该反省的事情，应该还有其他的吧！”

这样的想法才涌上心头，就到了结束的时刻。时间太少，为什么自己不能早点儿“发现”？这么想的时候，从我胸口深处突然涌上一股无法抑制的情绪，流出的眼泪怎么样也止不住。

“早起”+“日常内观”的效果

内观有“集中内观——决定期限与时间，接受指导者面试的同时，一心一意地去做”“分散内观——在指导者的陪同下，自由进行”“日常内观——一个人在家中自己做”。

敝研究所采用的是，掌握了“分散内观”的效果之后，回到家中实行“日常内观”。如果再把早起加入这个组合中，并且是在长时间持续进行的情况下，每个人都能达成各式各样的目标，绝对可以展现出自我实现等重大的成果。

如果要说为什么会有这样的结果，那是因为在持续长时间的内观下，会体会到以往完全没有发觉到的感动。

所谓的内观，我想一开始不管是谁，对“可以得到的事情”“感到迷惑的事情”等，几乎都会说没有。但是，在心理孤立的状态下，试着把“深信”的界限向外扩张看看的话，就会发现过去是如何得到从父母到来自周遭的人所投注的情感的。

不管重复几次内观，几乎都没有出现“可以付出的事情”，反而是“可以得到的事情”“感到迷惑的事情”会接连浮现出来。然后就可以发现受到周遭支持的自己的存在。

至于使内观更有效果的方式，就是要尽可能每天去做，这可以说是最重要的事情。

与平常日记不同的“早起日记”

自己是什么样的人呢？虽然透过内观可以得知，不过记录自己行动与心理变化的“早起日记”，也可以理解自己内在的真实声音。

人类受到夸耀与羞耻心的干扰，无论如何都要用语言修饰、对自己或他人说谎。这点，就算是写在日记里的文章也一样。

但每天写日记时，一定要在某个地方表现出真实声音。例如三个月前写下什么、现在又有什么样的变化等，如此就可以掌握自己现在的状况。

早起日记与一般写的日记感觉上有点儿不同。首先，要依照下列项目来写。

1. 起床时间。
2. 就寝时间。
3. 早晨散步后的感想。
4. 早晨做体操后的感想。
5. 用内观疗法来思考。
6. 把一天分成早、中、晚。在疾病或目的的达成方面，依照自己

的症状与状态，写下辛苦的事情、讲究的事情等。

这些事情都只需要边想边写下来就可以了。例如⑥，不同的人，内容也一定不一样，例如正在戒烟的人，就算写下“为什么要为戒烟做到这个地步呢？”这样的话也好，也许最后会有“因为顺应自己的心意，决定要戒烟，所以绝对要戒掉！”这样的强烈决心。

总之，顺应自己的状况，在可以写的范围内写下来就好了。

记录一至二周的睡眠记录

为了理解睡眠习惯，制作睡眠记录是必要的。

睡眠记录是起床三十分钟与就寝前的三十分钟，至少两天要做一

睡眠记录表范例

月日	上床时间	推测睡着时间	夜里醒来的次数
运动量	**咖啡因**	**酒精**	**就寝前三小时内的抽烟数量**

睡前的感觉 ______________________

睡前的行为 ______________________

晚餐与消夜的内容 ______________________

次，回想当天的事情，将行动模式与情绪记录在纸上。

例如记录上床的时间、预定睡着的时间、夜里醒来的次数、睡前的情绪、睡前的行动、晚餐与消夜的内容、运动量、酒精与咖啡因的量、睡前三小时内的吸烟根数等。

像这样写下有关睡眠的记录，以往不清楚的部分就能逐一厘清。

有个例子是，有个人为严重的睡眠不足而苦恼，回想两个礼拜的睡眠记录，结果发现原来是夜里有来自某人的电话。而这个“某人”，就是带给那个人巨大压力的人物。

如果可以持续十天，就可以把目标放在一百天

▼

把早起当作目的，在前一天就下定决心。

无论如何，首先一周一次，以每次都早起一点点为目标。这样持续十天的话，就会在脑部的海马体里，留下短暂记忆。

接着，如果持续了一百天，就会成为永久记忆，从那里确实地把所谓的“自信”记忆在脑中，让脑的抗压性变高。

如果确实可以朝这些早起步骤前进的话，你一定可以得到如下所述的效果：

1. 可以重新恢复健康。
2. 可以消除压力。
3. 可以成为对任何事都积极的人、使人生有目的。
4. 可以活化脑细胞、增加集中力。
5. 可以更温柔地面对家人和朋友。
6. 可以有效地利用早餐前的时间。
7. 可以改变自己。
8. 机会将会眷顾你、人生将时来运转。

专家的晨型生活

根据现代人的生活模式，夜型人被认为占压倒性的多数。

但是，因为晨间照护而产生明确目的意识的“晨型人”是不一样的。以下介绍跟我有往来的几位晨型专家。

原东京律师会会长　律师　伊礼勇吉先生　七十岁

伊礼先生每次睡前都会在心里默念：“小人闲居为不善”（出自《礼记·大学篇》，意思是品行卑劣者，在闲暇时会做出不好的事情）。为了不发生这样的事情，所以让自己睡觉也要发大心愿，谨记明天也要早起。

然后隔天早上，就从棉被里跳起来。若是有重大工作的那天，还会特地在早上四点就起床。

伊礼先生的生活就是典型的“晚睡早起”。出生于冲绳的伊礼先生，很喜欢在晚上与友人一起和着三味线的音乐唱歌、跳舞；即使这样，他隔天早上还是可以马上从棉被里跳起来。

伊礼先生每天都非常忙碌，就连走路的时间都不浪费，会“边走路边思考”、以秒来规划行程。一天当中，累的时候就会稍微小睡十五分钟到三十分钟。这样的伊礼先生，完全抱持着以下的信念：

1. **用光明的态度来思考未来。**
2. **相信未来是光明的。**
3. **现在能做的事情，就现在做。**

今日的早起必定会有好事重新降临在自己身上，人生总会找到自己的出口，所以每个人都可以过着“顺其自然的人生！”（船到桥头自然直）

玉寿司股份公司　筑地玉寿司
发言人　中野里孝正先生　七十岁

筑地玉寿司创业于一九二四年（大正十三年），第一代的中野里荣藏先生在筑地的本店所在地开设了“高级寿司店玉寿司”。到了一九六五年（昭和四十年）第三代的中野里孝正先生，设立了筑地玉寿司股份公司，创立了今日玉寿司的基础。自此，除了在涉谷开设第一家分店，也开始了玉寿司第一阶段的连锁化。

中野里先生现在可以说是一面晨型人的镜子，他原本是典型的夜型人，因为在过去每个熬夜的日子里，席卷而来的疲劳感，让他在四十岁后，转变为晨型人。

成为晨型人之后的中野里先生才知道，原来早晨的头脑在刚清醒的状态下，会涌现不可思议的一瞬之光。

中野里先生的灵感逐一诞生，其中之一就是现在非常有名、被称为“末广卷”的新式手卷寿司。他打破了“寿司是捏出来的”的既定观念，让现在一般家庭中，除了“散寿司”以外，“手卷寿司”也成为必吃菜色。现在日本全国各地都有手卷寿司了，不过当初可是只有筑地玉寿司才有的独家商品。

像这类的“功绩”还有很多，例如以往被定位为“高级料理”的寿司，因为使用平民化食材及平易近人的价格，而获得许多人的喜好。即使说这是引发“回转寿司”风潮的契机也不为过。

有业余围棋 6 段实力的中野里先生，他的信条是“先下手为强”。从字面上来解读，就是比别人早行动，这和早起也很有关系。

中野里先生每年都自己决定一年之中的主题，然后更加注意应该留意的地方。例如早上他去河岸时，或是去参加早餐学习会时的瞬间灵感，都磨炼着中野里先生特有的感性，发展出自己的主体性。

在这里简略地介绍中野里先生时常说的话。

许多年轻人很享受夜晚来临后的生活，这世上当然可以有这样的生活，但如果能稍微改变自己的想法，就可以成为晨型人。一旦决定了某个目标，就算是宴席也好、续摊也罢，还是可以对续摊后的再续摊喊停。特别是到了四十岁后半，才发现过去的自己做错了，这时产生了新的想法，那应该就是可以积极改变自己想法的契机。我也是因为偶然的机会才开始早起，却能因此发现很多过去不知道的自己。

我想这是很大的提示，从中野里先生的话中可以知道："早起最大的优点，就是'发现'。"

伊卡利（IKARI）消毒股份公司
董事长　黑泽真次先生　六十六岁

将近十八年前，第一次遇到黑泽先生时，他因为取得六十四种资格而被称为"资格王"。现在，他所拥有的资格数已经增加到八十个了。这样的黑泽先生，都是固定在早上三点起床。

让黑泽先生变为晨型人的契机有两个。一个是与他一起在小型飞机的驾驶资格实地考试中所认识的上智大学酒井洋名誉教授，当他知道教授认为"睡眠时间四小时就足够"并在实行之后，确实能带给人生收获时，非常受感动。另一个是接触由伦理研究所这个地方所主导的"早起会"。以入会为契机，与太太两个人开始早起，而且因为早起，身体也渐渐变好了。

刚开始的时候，虽然到了下午会被睡意侵袭，但他谨记讲师的话：“醒来之后就马上跳起来，并且立即起床，配合大自然的节奏是很重要的。”

提到黑泽先生的专长，就是他加入“早餐前的时间”，诞生了“一日四分论”。

很多人将一天分成早、午、晚三个部分，而黑泽先生则是在早上之前，加入一个时间带，把一天分成四个部分，也就是依照目的意识，想出了“一日四分论”。

因为早起，“变得能够积极面对事物，而且可以谦虚地赞美周围的人。”这么说的黑泽先生，给无法从夜型中跳脱的人以下的建议，“为了好好地重新认识人生，务必要改变自己的生活节奏，试着挑战早起。把那份决心当作一个分段点，希望能尝试新的发展。”

黑泽先生的另一个专长就是在他完成资格考试的学习之后，花了三百六十五天的时间抄写《般若心经》，借此培养自己的精神层面。

无论如何都积极进取的黑泽先生，他的步伐从不停止。

黑泽先生的早起习惯与度过时间的方法，给了我很大的参考。他一旦决定要做什么大事或定下什么方向，就会积极分析怎么做才能实现，并在早晨静静地去做。但往往旁观者所见到的，却是黑泽先生总能从容不迫地完成各项事务。他就是具备如此强韧精神的人。

山口经营研究所 会计师 山口卫先生 七十岁

哲学家康德总是在固定时间、固定地点散步，并把它作为每日例行的功课，因而被称为“会走路的时钟”。而总是指导我的经营顾问山口卫会计师，应该也可以说是“会走路的手表”。

山口先生的情况比起康德那样规律地早起，还要更加厉害，因为他还加上了向自然感谢的“散步”。

山口先生自京都大学毕业之后，便在一流公司的业务部门就职，当时他是典型的夜型人。

直到有一天，当山口先生转念要以当上会计师为目标之后，便参加了伦理研究所的“早起会”，开始晨间散步，因而转变成为晨型人。但以往都是过着夜型人的生活，突然要开始早起实在不容易。刚开始的时候，他在早起会一周大约迟到一次，有时也会缺席不到。

这样的山口先生，身体开始习惯早起大概是在一百天之后。从那个时候开始，他发现在自己的身体里，有某种新的感受开始萌芽。这绝不是什么特别的感受能力，而是任何人都有的、只是因为过着夜型的生活而被遗忘，如今因为变为晨型人，而又重新找回来了。

人类因为不满、压力而生病；相反地，感谢的话语，也会带来能量。山口先生一年三百六十五天，每天清晨五点左右，都会带着感恩的心情，持续不断地从原宿表参道的林荫大道走到代代木公园散步。“早晨会使人的心变得谦虚”，说这话的山口先生在怀着感恩的心情散步的过程中，脱离了所有的苦难。刚开始早起时，或许午后会被睡魔侵袭，但即使这样也不能气馁，绝不放弃早起。

魔力（MAHOROBA）法律事务所
律师　小林芳男先生　五十七岁

小林先生转变为晨型人的契机是他妻子罹患各种疾病，身体孱弱。为了改善状况，他们一起参加了伦理研究所的“早起会”。

不过小林先生原本就算不上是夜型人，因为他会在晨间从事自己喜欢的运动，例如网球或高尔夫等，是完全不用勉强就可以早起的人。

一段时间之后，小林先生非常惊讶，因为他清楚地看到太太因持续早起而身体状况一天天改善的样子。在这之前，虽然知道早起对身体好，但这种“早起的医疗效果”，可是第一次亲眼看到发生在自己周遭。

因为这个机会，小林先生自己也把晚上十一点睡觉、早上五点起床当作生活的“基本”作息。但尽管如此，他似乎也不是非常讲究这个“时间带”。

他是视情况而定，并没有拒绝上夜店的邀约，也曾在霓虹灯下，去了一家又一家。“如果跟我说，从现在开始，请改为夜型人的话，即便今天开始，我也没问题。”小林先生笑着说，其实过去他也曾有反复意识性早起的时候。

那是为了当上律师，参加司法考试、埋头苦读的时期。

“当时的我，是从早读到晚，到了深夜，还焚膏继晷、挑灯夜战的类型，那时觉得成绩应该可以进步；不过我发现，成绩并非恒常不变，它会随着时间不同而出现很大的波动。

“于是我开始调整自己的方式，因此我想早点儿起床到学校。在开始读书之前，先在大学校园里，做做简单的伸展操，之后再开始准备司法考试。就这样，出现了令人难以置信的集中力。

“特别是针对考试与读书的准备，早上绝对比较好。你会发现，所念的东西自然而然就会进入脑子里，这绝不会错。我觉得晚起念书会给人自以为是的印象。在我们家，除了儿子以外，连我的女儿早上都会去慢跑，我们是早起家族。不过，我儿子应该也渐渐感受到家中的这种气氛了吧！我不勉强他成为晨型人，因为我想，等他自己发觉会比较好。”

律师这种工作也是一样，小林先生说：“在晚上思考事情，几乎想不出什么，但是在早上，却往往能想出理想的答案。”

“特别是‘理所当然做得到理所当然的事情’的话，是可以期待出现好的成果的。我可以这么断言喔！”

此外，小林先生目前除了本业之外，也担任以新潟县长冈市（也是小林先生的出生地）的母校OB为中心的公益团体“米百俵学校项目”的非营利法人组织的副理事长一职。

这个活动是把米一百俵分的资金用在建设发展中国家、维持支援行动等，这么做不但向内外扩大宣扬米百俵精神（人才培育与自立精神的确立）的重要性，而且以提振教育与世界和平为目的。

对于这样的小林先生，问到他的日常生活，应该就是实践了我在本书所提倡的：“绝对不勉强自己的早起生活。”

“今天想睡到早上八点，就睡到早上八点，想要四点起床，就四点起床，这么想的话，自然就会醒来，不管是玩乐还是工作的时候都一样（笑）。”

这就是小林先生所引以为豪的“快眠（熟睡）”“快便（排便顺畅）”“快食（愉快进食）”。而关于早起的秘诀，他说：“就是维持适度的疲劳。从事简单的运动，不是只用头脑，而是驱使身体确实工作。这样一来，人自然就会觉得疲累。人类原本就是日出而作、日落而息。如果只是尽力遵守自然法则，我想这就不是什么困难的事情了。这不就是健康的基本吗？只是现代人都忘记了而已。我们不过是回到上天创造的‘原点与基本’罢了。”

另外，小林先生也很注意饮食。不管怎么说，这对夫妻总是出身于米的著名产地新潟县，多亏爱妻“自然培育新鲜食材”所做出的各种美味料理，使他免于罹患“代谢症候群”（Metabolic Syndrome）。

他说："在不勉强的情况下，以自然的身体活着。"小林先生在谈笑中所说的这句话，应该就是给了想要成为"晨型人"的诸位一个宝贵的启示。

早起身心医学研究所　创始人　医学博士　税所厚

我的父亲从少年时期开始，就是一个为神经症所苦的人。

特别是他一直对自己的外表缺乏自信，一直受无法面对人群的对人恐慌症所折磨。当时父亲的体格，身高一百七十二厘米，体重只有四十公斤左右，脸部极端消瘦，看起来像极了生病的样子。他在书里告白说，因为这样，他在大学里也没办法集中精神学习。

之后，经过很长的时间，父亲虽然可以进入到"维持现状"的地步，但他追寻到最后，终于领悟到的就是"早起身心健康疗法"。

父亲一边不断以"最低限度的投药""自宅疗法的指导""无论何时都接受患者门诊"等的治疗，对早起疾病的适应性终于得到认同，也证明了其对忧郁症、神经症（Neurose）、自律神经失调症等的效果。

以上所介绍的人物，他们的共通点都是对早起具备目的意识而行动，因此可以了解到目的意识的习惯化对于强化意志的作用。

晨型人努力向精英学习

在日本《经济新闻》的“成为晨型人的秘诀”特辑中，有时会征求读者的意见。其中，我介绍了三位担任二十四小时不停工作的市场相关职业精英的“晨型”生活。

任职贸易公司　A先生的例子

在S贸易公司工作的A先生，他的工作是对观察世界贵金属、原油市场动向的工作人员下达当天的指示。每天早上搭五点半的电车、七点以前就开始工作。

A先生的工作是在早上八点就一决胜负，结束后的一小时，他借了会议室，躲在里面。他在会议室里集中精神地阅读报纸、杂志和资料，这是为了培养战略。况且早上那个时间的会议室，意外地没人使用，所以可以每天预约。

A先生的习惯之所以受人敬佩，是因为他为自己每天的行动订下了配合的“规则”，其中之一就是收取邮件的时间。除了早上七点、中午十二点半、傍晚五点各一个小时以外，其他时间原则上是不收信的。

他不会没完没了地回复不断涌入的邮件。关于这个规则，A先生都对往来客户或下属说过。他说："特别是连一分钟都要珍惜的早晨时光，使我充分认知到'舍弃无用信息'这件事的重要性。"

第二个规则是在公司外面的往来。身为副部长的A先生，与公司外部客户的会面每周大概有三次，为了不要最后变成"晚睡晚起"的情况，会优先安排在隔天休假的星期五，避开一周开始的星期一。如果是容易沟通的客户，会建议将会面时间提早到傍晚。

任职证券公司 B先生的例子

在N城市集团证券债券总公司担任策略主任的B先生，是早起资历二十年的老鸟。B先生早上六点十分上班，最晚七点前一定会送出报告。因为他这份工作的重要性在于，即便只是提早一分钟送出，也可以吸引无数顾客的目光，B先生就是处在这样一个竞争激烈的世界。报告是一张A4纸大小的文件，约一千字，内容是要写出直到前一天最近的股票市场环境、分析关于当天发表的经济指标等，并加上当天早上海外市场的动向分析，大概数十分钟就可以全部写好并修改完毕。

顺道一提，B先生到公司的时间是"六点十分"，应该是因为，假如是"六点半到的话，就来不及了"。

任职银行 C小姐的例子

在M信托银行资金汇兑部门工作的外币汇兑专员C小姐，工作时间是从早上七点半开始。因为股票市场运作的关系，虽然有时到深夜还会收到来自海外的电话和电子邮件，但多亏父母早起，还能保有生活的规律。

早一点儿的话，C小姐会在傍晚五点半下班，将自己的热情专心投注在所学习的技艺上。因为可以做到这样，所以彻底省掉了浪费的时间，可以果断地启动on和off的状态。

像这些例子，都是不管什么事，都要从自身下功夫，明确知道“早起能够达成什么样的目标”是非常重要的。

/

C H A P T E R

/

05

每个人 / 早起方法不同 / 的理由

三个步骤转为晨型人

要轻松转为晨型人，有以下三个步骤。

❶ 生活中不勉强地早起——夜型人就从这里开始！

一直持续过着夜型生活的人，想要改变为晨型时，首要之务，就是在日常生活中，做到不勉强早起。为了做到这点，一定要养成起床时间符合生活模式的习惯。假设是将睡眠时间设定为六小时的做法，那么对于凌晨三点还没睡的人来说，九点起床对他们而言，就是“早起”。

基本上就是要贯彻“固定的起床时间”。如果起床时间固定，终将养成自然的“早睡早起”。下面举个就算睡觉时间不固定，但起床时间固定在六点的例子。

第一天深夜十二点睡觉，六点起床↓第二天三点睡觉，六点起床（因为这一天睡眠时间非常短，所以比平常还早想睡觉）↓第三天十点睡觉，六点起床。

像这样，只要起床时间固定，自然而然就会重整为早睡早起。这里开始就有意识性地、尽快以进入下一个步骤为目标。

❷ 为了强化意志早起——上班族就从这里开始！

同样需每天早起的普通上班族，就从这里开始。如果总是固定在六点起床，那么就试着更早一点儿，在五点起床。甚至可以的话，在时间较充裕的星期天下定“明天要早起”的决心，并在星期一实行看看如何？

❸ 带着目的早起

找出明确的目的，例如“为了通过资格考试而早起念书”“以一年后的城市马拉松为目标而早起练习”等，增加在五点起床的天数。这样的话，一百天（若一周以三天计，那么一个月就是十二天，一百天就差不多是八个月的时间）就会成为习惯，也就自然可以在五点轻松起床。若是一心想着早起却反而失眠的人，只要抱着“起得来的话就起来”的想法就好了。此外，如果白天睡午觉对晚上不会有影响的话，建议可以趴在桌上或在沙发上睡个三十分钟以内的午觉。

就寝与起床时间乱七八糟

如果就寝时间与起床时间乱七八糟的话，该怎么办？

1. **第一天深夜十二点就寝，早上六点起床。**
2. **第二天深夜三点就寝，白天十一点起床。**
3. **第三天晚上十一点就寝，早上七点起床。**

其中②的“晚睡晚起”，这种“日夜颠倒”的睡眠模式是最糟糕的状况。因为晚睡，所以起床时间不一定，一旦补足了不足的睡眠时间，满足了身体需求，隔天就无法早睡了。

因而不管对于上班族还是处于应试期的学生，我衷心建议的睡眠模式是起床时间固定的“晚睡早起”，因为这样最后就会调整为“早睡早起”，身心都将变得非常充实。

前一天的意志与决心是重点

如同我在前面反复说明的“早起”这件事情，如果利用当天的体性神经（意志力），对“明天要早起”这件事有所觉悟，就可以实现早起。

根据这个反复动作，让早起成为一种习惯，体性神经（意志力）就会增强。为了要早起，前一天“明天要早起”的意志是不可或缺的。通过早起的训练，不但能使体性神经（意志力）增强，还能让自律神经也随之增强。

因此，如果前一天有“明天要早起”的觉悟，就能维持健康的状态。这就是为什么持续早起可令身心健康。

下面举一个“早起”不可缺乏意志力的例子。

为了明天的高尔夫比赛，不得不在早上五点去接社长的情况下，平常在早上八点起床的人，利用意志力，一定可以在来得及的时间内起床吧！看情况，为了不要睡过头，可能会整晚不睡（断眠），只为隔天去接社长。这是绝对不要迟到的意志坚强的缘故。

如前所述，睡眠模式的优劣顺序是“早睡早起”（最佳）、“晚睡早起”（佳）、“晚睡晚起”（最糟）。

“早睡早起”（最佳）是因为在体性神经（意志力）增强的情况下，

自律神经也会随之增强，而容易带来更加充实的生活。

“晚睡早起”（佳）则是因为就算就寝时间乱七八糟，但只要固定早起的话，身体自然会觉得疲倦而想要早点儿睡觉，所以最接近理想的还是早睡早起。

另外，“晚睡晚起”（最糟）的话，体性神经（意志力）会变得薄弱，连带自律神经也会变得薄弱，搞坏身体、打乱生活规律，一旦变成日夜颠倒，就很危险。

好好区分勤勉与怠惰

昔日日本人特有的勤勉周期是“早睡早起”。但是近年来，似乎有被“晚睡晚起”的怠惰周期渗透的倾向。

我想，从此“勤勉”＋“怠惰周期性”＝“晚睡早起”是会被视为重要的。

我衷心地建议尽可能先从最终会成为“早睡早起”的“晚睡早起”模式做起，因为如果在深夜两三点睡觉，早上六点起床，连续几天之后，自然就会觉得疲倦，也就会变成“早睡早起”了。

但如果是深夜两三点睡觉，白天还睡午觉的话，很容易因为睡眠过量，造成“晚睡晚起”，这样就会变得很不健康。

日本战前学业成绩优秀的小孩，他们报考的学校有所谓一高到八高的“名校”之分，而决定这些学生的就是“早起”。这种精英主义还残留到战后，从所谓的“御三家”到进入有名的大学，都还保有这种勤勉主义。

但最近就算从名校毕业，也未必能进入希望进入的企业，这让许多人感到非常受挫。

今后的时代，光头脑好是行不通的。除了要有头脑之外，还要加上不可或缺的“生存实力”。因此，所谓的“早睡早起”＋“晚睡晚起”＝“晚睡早起”的“勤勉怠惰型周期”就变成是必要的。

在这里，我们介绍一段关于西乡隆盛的有趣小插曲吧！

西乡与板垣退助讲话时，刚开始的两小时，两人都是正坐着在讲话，之后就变成互相躺卧、抱着枕头的轻松交谈了。

像这种紧张与松弛的组合对人类来说是最恰当的。如果只是过着紧张的生活，人就会陷入恐慌的状态；但如果只是过着怠惰（轻松）的生活，就会变得懒散。

就医学上来说也是一样，白天时交感神经紧张地运作，到了夜间副交感神经作用时，身体就可以得到休息。也就是说，交感神经等于紧张，副交感神经等于松弛，人类长期持续交替紧张与松弛，就是自然的状态。

从这点来看，健康的时候就过着平常的生活，如果罹患忧郁症或是自律神经失调症等疾病时，绝对不要太勉强，就保持原本的状态，能够自然恢复是最重要的。

不安的自我暗示与目的的自我暗示

人的心里“不安的自我暗示”与“目的的自我暗示”总是各占一半。因为怀有不安，所以会为了消除不安而向目标前进，这时不安的感觉就会从五分缩减至四分；另一方面，目的就会增至六分，当自信占优势时，人就会觉得安心。反之，当不安增至六分、目的缩减为四分时，就会产生烦恼而丧失自信。

在美国大联盟缔造各种纪录的选手铃木一郎，我认为在他的心中，光有自信和安心是不够的。他曾在访谈中说：“在站上打击区打击之前都会很紧张、没有信心；但只要完成打击、跑垒后，这种不安就会消除，还会高兴地觉得‘太好了！’”

不管在什么情况下，即便像铃木一郎这种看起来很冷静的大选手，实际上也是带着五分的“不安”以及五分的“自信加安心”，一旦达成目的，“自信加安心”就会增加，而不安也就消除了。

一般而言，从一个月的循环来看人的身体状况，会有八天很好、十四天普通、八天不好的情况。

以一周来看，则会有两天健康、三天普通、两天状况不好。

在状况不好的时候，就顺着这个状况，依照平常的生活方式，“绝对不要勉强”是很重要的。

但要是想天天都维持良好状态而努力不懈的人，最后就会变得更糟糕。人有状况不佳的日子是很重要的！在状况不好的时候，就过着不要勉强自己的生活，是非常重要的一件事。即使生活有了目标，人也是活在朝着目标前进与不安感两者之中。

特别是刚遭遇到压力或意外时，虽然心里可能会变成六分不安、四分安心，但可以向专家请教或是自己查资料、学习，就可以消除不安，而变成六分的安心。

因此，人在心里总是带着五分不安、五分安心地活着。如果真的发生什么事情，不要焦急，慢慢地前进，理所当然地过着理所当然的生活。

保持这样的状态，一周三天“晚睡早起”，剩下三天（不行的话，一天也可以）调整回“早睡早起”。这样的决心不久就会让你变成三百六十五天都早起，而不会搞坏身体。

当“异常”转为“正常”时

▼

敝研究所实践的行动疗法中，关于“减敏疗法”，在前言也曾提到过。早起疗法中的“减敏疗法”，是反复去做自己讨厌的事情，进而渐渐习惯这讨厌事情的方法。通常十个人里面有九个人讨厌在别人面前表现自己，但只要反复去做，不久之后就会习惯。

例如不敢在别人面前讲话的人，在反复五次、十次之后，自然就会习惯，也就能轻松地在别人面前说话了。

在其他领域中，这种疗法在治疗对人恐慌症、书写痉挛（写字时手会颤抖）的患者时也展现出一定的效果，是作为治疗方法一环的适应疗法。

回到早起的话题。对于无法早起的人，一周只要花一天的时间例行早起，重复一百次，也就是约两年之后，自然就会早起了。特别是因为重复的行为，身体自然会适应早起。

以下说明关于人的适应性与顺从性。

❶ 异常性——第一次的体验被经验吓一跳。

❷ 通常性——一件事情反复做三到五次就会习惯而变成通常性。

❸ 正常性——习惯并顺应了异常性的状况，变得正常。

此外，就算早起变成习惯之后，大部分的人还是会讨厌❶的异常性状况，一旦真的遇到这样的状况，就会采取逃避的方式。这就是没有自信，适应能力并没有一直准备好的缘故。

就算为了提高适应能力，异常性状况被重复进行时，还是要从通常性到正常性的变化来考量，把它变成习惯是很重要的。

不管几次都要挑战“周一”的早起

常言道，持续不断是最重要的。

但是，就算持续失败也要不断挑战则更为重要。每周一次的早起也是如此，总之先挑战看看。如果第二天没办法继续，就算一天不做也没关系，改天再挑战。

早起会在身体和心里变成永久记忆，虽然确实养成需要一百天，但要连续三个月每天早起实在很难。如果花两年时间，每周一次的话，应该可以做到持续不断吧？

用自己的意志，让受意志控制的体性神经健康地“起床”的话，就会在自己的心里留下深刻记忆。就算一周仅有一天实行早起，但只要重复地循环，便能使内在的意志变强，失败时也不灰心丧志，性格也会有显著的变化。

依性格的起床法

如同人各有特色的说法，每个人都有各种不同的性格。回想自己的性格，试着思考自己应该用什么起床法比较好。

外向型的人，需要准备三个闹钟，时间设定分别一点一点增加，并将其放在枕头旁边。对这种类型的人来说，这么做会比较心安。另外，对为了通过资格考试要准备念书、培养工作灵感等目的的人来说，让自己处在不得不早起的状况是最有效的。

内向型的人，睡前可以试着用“早起的话会有好事”的简单祈祷来自我暗示。这个时候，起得来也好、起不来也好的“将错就错”是很重要的。

晨型与夜型的彻底比较——早上到傍晚

早上和晚上，时间的质是不一样的。下面我们将早上五点起床的A小姐与七点半起床的B小姐的一天拿来比较，看看不一样的起床时间，会对工作与私人时间产生什么样的影响。

早上五点

正是晨型A小姐的起床时间，而B小姐还在熟睡中。

人的脉搏会因为日出后外界气温与体温的影响而开始产生变化，在早上五点左右跳得最快，是身体最容易起床的时机。另外，促使身体活动的肾上腺素与皮质（Cortical）的分泌在早上七点至八点间达到高峰，因此把这段时间当作暖身就足够了，也是活跃的脑最适合学习和收集信息的时候。

晨型的A小姐不但能悠闲地学习或收集信息，还能好好地吃早餐，因为早餐能确保一天的能量不匮乏。

吃早餐能使内脏机能活化，还可以适当地蓄积一日所必需的能量。

七点半

夜型的B小姐终于醒了。早一点儿出门的晨型A小姐，不仅能避开高峰时间电车上拥挤的人潮，悠闲地坐在车上看书，还可以打开课本念书。

实际上，这段时间是非常宝贵的。如果通勤时间要一小时，一个月下来，就有二十个小时以上可以活用。脑细胞的活化，早上一小时足以抵过晚上三小时。

另一方面，夜型的B小姐因为最晚得在八点的时候出门上班，所以总是来不及吃早餐。如果没吃早餐，不用说脑，就连身体都会变得无法活动。抱着“随便吃点总比没吃好”的想法，仓促地吃早餐也是不行的。就连吃太多，也会导致让脑没有余裕从饱胀的中枢接收讯号的情况发生。

因为睡太晚而没有充裕的时间准备就直接去上班，不管怎样都会觉得“被时间追着跑”，压力也会跟着增加。另外，如果在头脑没有完全清醒的情况下，情绪也会跟着低落，就连原本应该做的事情也会变得拖泥带水、不干净利落。

相较之下，早起并提前出门上班的晨型A小姐，因为“自己总是比别人提早开始活动”，心里觉得很从容，好像连工作也可以依照自己的步调来进行，这也能避免工作上的错误。

实验证实，晨型人的计算速度比夜型人快，早上十点起床的人的集中力巅峰是在晚上九点到十一点之间的两小时；相对之下，早上五点起床的人，其巅峰时间是在下午一点到五点之间的四小时。

早起不仅可以提高工作的处理速度，还能让工作早点儿结束。下班后的时间，也就是“五点后时间”，也能过得很充实。

晨型与夜型的彻底比较——傍晚到深夜

下午六点

晨型A小姐已经下班，正是参与个人兴趣讲座与享受晚饭的时间，而夜型B小姐的工作还没结束，是加班的一员。日落之后，由于周遭开始变得昏暗，集中力似乎可以提高，但这是错觉，只是视野变得狭窄的缘故。

累积了一整天的疲劳，到了晚上，因为促进活动的荷尔蒙分泌变得很少，集中力自然无法持续。因为无法发挥判断力与想象力，所以还不如隔天早上早点儿来整理比较有效率。

晚上九点

晨型A小姐回到家，正悠闲地泡澡、消除一天疲劳的同时，夜型B小姐终于下班，一边吃饭，一边喝着慰劳自己的“一杯[1]”。

1　这里日文的“一杯”，除了有喝酒之意，也是疲劳满满的双关语。

某个性格调查的结果显示，“夜型的人几乎都是内向且消极的”。他们到了晚上，会变得痴傻，也有强烈的逃避自我倾向。我们常见一边说着蠢话，一边喝酒的人吧？晚上很晚还喝酒，肾上腺素等荷尔蒙的分泌会产生异常，也可能使脑提早老化。

此外，消夜还会增加肠胃负担，造成所谓的“胃下垂”。

晚上十一点

晨型A小姐早就到了睡觉时间，而夜型B小姐才刚回到家。哎呀……一边喝着睡前酒，一边看着深夜电视节目的B小姐，居然就这样在沙发上睡着了。

到这里已经彻底地比较晨型人与夜型人了。

和依照自己步调、确实管理自己、工作和私人时间都非常充实的晨型A小姐比起来，不能否认的是，夜型B小姐的确给人无法好好掌握时间的印象。

所以，早起的习惯是不可欠缺的。

防止睡回笼觉的早晨瑜伽

好不容易早起了，如果不知不觉又回去睡回笼觉，就等于没做一样。

因此，在这里推荐给大家三式调整早晨精神与提高身心机能的瑜伽。这个运动可以让全身的血液循环变好，还能促使脑部活化。

准备体操

❶ 脚伸直坐着，左膝弯曲，放在右脚的大腿上，左脚脚趾慢慢转几圈。右脚重复同样的动作。

❷ 用手的大拇指从脚底开始向脚掌心做脚底按摩。

❸ 一边吐气、抱住左脚移向胸部。静止这个状态一段时间，再慢慢地回到原来的位置。右脚重复同样的动作。

眼镜蛇式（消除疲倦感对肩膀酸痛、偏头痛有效）

❶ 身体趴下躺平，手腕放在身体两侧。手掌心向上。

❷ 手腕弯曲，两肘立在身体旁边，手掌打开。下颚顶在地板上吐气。

❸ 一边吸气，一边慢慢把头往后仰，同时胸部离开地板，用背部肌肉与两手的力量抬起上身。保持这样的姿势，利用自然呼吸法静止30秒。

❹ 一边吐气，慢慢恢复到❶的状态。

拱式（促进全身血液循环、安定精神）

❶ 仰躺，手掌心向下。

❷ 两膝立起，双手掌心向下，撑在耳朵两侧的地板，把腰往上抬，肩膀与脚保持不动。

❸ 一边吸气，靠着手与脚将头与身体往上抬。可以的话用手指撑着，保持这样的姿势，利用自然呼吸法静止30秒。

❹ 一边吐气，慢慢恢复到原来状态。

舒缓式（利用紧张与松弛交替，调整身体的平衡，也可以消除失眠）

❶ 仰躺。闭上眼睛，两手放在离身体两侧20～30厘米的地方，手掌心向上，两脚呈现自然张开的状态。

❷ 吸气，双手双脚向上抬高，离地约20厘米。闭气，依序让手指、

脚、腰、上半身、两手用力。

❸ 一边吐气，突然放松全身落在地板上。轻轻闭上眼睛，保持这样的姿势，静止一段时间。

这三种姿势在棉被上做也可以。但如果觉得动作很勉强，在可以做得到的范围内尽力即可。如果早上没有时间，即便只做一种也是会有效果的。

不过，还是可以依情况而定，如果早上散步时间改变的话，那么之后的体操时间可能就没有了，这时把散步和体操分开来做也没关系。

特别是身体已经变硬、运动量不足的人，千万不要太勉强。

瑜伽的三个基本与注意事项

人的身体在受到“伸展”“扭转”“张开”“向后弯”“休息”五个动作刺激时，会逐渐活化。瑜伽就是把这些动作当作基本动作。

瑜伽的呼吸法很重要，一边依照指示呼吸，慢慢地、不勉强地弯曲到可以弯曲的程度，向后弯也是弯到不能弯为止，这就是瑜伽动作的基本。

如果勉强弯曲，反而会导致腰痛、肌肉酸痛。因此，在可以动作的范围内，暂时维持这样的状态吧！

做体操时的注意事项

早上做瑜伽等体操时，要注意以下几点：

❶ 服装要简便

皮带、胸罩等会束缚身体的东西，还有手表等贵重物品、装饰品等都要取下，把鞋子也一起脱掉吧！

❷ 可以放松的空间

做体操的地方，一到三平方米大就够了。但在稍微宽敞一点儿、可以无拘无束运动的场所，通风良好、不会有直射日照的地方更好。

❸ 起床后三十分钟开始做

起床后并不是立即做体操的好时机，因为身体太硬，神经也还没清醒过来。虽然在早晨散步后做体操很好，但不能散步时，就在起床后三十分钟再开始做吧！

④ 空腹时做

吃过东西后，东西进到胃里就运动身体的话，对消化很不好，所以饭后两小时内不要做体操。

⑤ 避免入浴前后马上做

如果在运动后立即洗澡的话，因为心悸还没消失就接触热水，对心脏来说会产生很大的负担。如果洗澡后就立即运动，因为血液循环变好，身体也变得柔软，反而会因为勉强动作致使肌肉酸痛。

⑥ 生理期与怀孕中禁止做

生理期和怀孕时，衰弱的荷尔蒙平衡会变得更衰弱而导致危险。还有生产后因为体力消耗过度，也应避免做体操。

⑦ 生病的时候

向经常看诊的医生咨询，依照医生的指示与叮咛来做吧！

早晨体操组合提升效果

“自律训练法”是根据德国精神科医师舒兹（J. H. Schultz）的想法修正而成的，是一种一边控制身体的感觉，一边改善自律神经的状态，调整身心至正常状态的方法。

作为“自我暗示法”与“自我催眠法”之一，一开始就相当受欢迎。全部由六个公式所组成：

第一公式：四肢重感——双手双脚都很重。

第二公式：四肢温感——双手双脚都很温暖。

第三公式：调整心脏——心脏安静地跳动。

第四公式：调整呼吸——呼吸顺畅。

第五公式：腹部温感——腹部温热。

第六公式：额头凉感——额头凉凉的。

通常这六个公式会配合用途来调整应用，不过税所式的话，可以说达成百分之八十的目标，只用了第一到第二公式。

这种自律训练法，虽然一天分为三次（早、午、晚）来进行比较好，但如果只能做一次的话，晚上的时间带是比较适合的。

同时，配合着参考《防止睡回笼觉的早晨瑜伽》该节内容来实行瑜伽的话，会更有效果。特别是晚上，洗澡后让身心放松，花三十分钟以上的时间，组合瑜伽与自律训练法试试看吧！

自律训练法的实际操作

尽可能在安静、可以保持平静的房间里躺卧。双手双脚稍微向外伸展，手掌心向上打开。灯光不要太亮时比较能够集中。

使用椅子时，舒适地往后面坐一点儿，让腰靠着，全身的肌肉保持平缓的姿势。两手静静地放在大腿上，双脚张开与肩同宽。

首先，在头脑里反复缓慢默念："让心情平静下来。"

❶ 第一公式：四肢重感练习

慢慢默念"右手很重"这句话五次左右。所谓"重"的感觉，并不是提重物时的沉重感，而是觉得倦怠的沉重感。如果能够感觉到的话，就成功了。左撇子的人，请先从左手开始。

这个时候，如果因为意识到"要想办法变得沉重"等而紧张起来，反而会有反效果。

首先，从右手开始，能够掌握之后，再扩大练习到左手、双手、右脚、左脚、双脚等全身部位。刚开始的练习时间五分钟左右就够了。

❷ 第二公式：四肢温感练习

接着暗示自己“右手很温暖”。暗示的方法与暗示沉重感一样，温暖暗示就像是洗澡时，暖暖地热了起来，可以感觉到血液循环变好了。这个感觉如果有实际感时，可以依序扩大到左手、双手、右脚、左脚、双脚等全身部位。

这两种自律训练法是有关联的。做到了第一公式的“重感”之后，就算什么都不做，也可以感觉到指尖热热的。刚开始的时候个别进行，两种都能掌握之后，在感觉到第一公式的“重感”时，应该也能感觉到第二公式的“温感”。

做到这里，请把暗示的话改变为“右手很重、很温暖”，这么一来，就可以缩短时间，让这动作在短时间内就可以达到放松的效果。

另外，进行这个暗示时，会变得很想睡觉，如果在晚上做的话，就这样睡着也没关系。

晨间自律训练法的结束动作

自律训练法在睡觉前做比较好。如果白天做完之后，在意识和肌肉松弛的情况下就接着去做别的事情，不但心情会变得茫然，身体也会出现摇摇晃晃的情形。为了避免这样的情况发生，请做下列结束动作：

1. 双手掌心的开阖动作（五至六次）。
2. 双膝的屈伸动作（五至六次）。
3. 大动作的向上伸展并深呼吸（二至三次）。

做完这几个动作之后，再慢慢地睁开眼睛即可。

必杀！起床术

▼

下列是给到目前为止还是难以起床的人介绍的几种比较容易起床的方法：

❶ 准备三个闹钟，设定同时响

为了避免醒来之后还犹豫赖床，请将三个闹钟设定在同一个时间，这比把时间错开设定更有效果更可以使你马上跳起来。

❷ 自我暗示——念咒语

如果想要五点起床，就拍枕头五次并念咒语："枕头先生、枕头先生，明天请让我五点起床。"大家肯定觉得这是很幼稚的方法吧？但出乎意料地很有效果。就算不拍枕头，默念十次："明天一定要五点起床"再去睡觉也可以。

③ 换上容易醒来的寝具

如果睡在软绵绵的床垫上，很容易不小心就睡过头，倒不如不要床垫，睡在不铺床垫的榻榻米或木板床上，而且不要盖任何东西。冬天的话，衣服就穿得厚一点儿，等到养成早起的习惯之后，再来铺床垫。

④ 使用高硬的枕头

我们看到时代剧（古装剧）中的武士总是睡在看起来很硬、很高的枕头上。这应该是为了不让发髻乱掉，但在敌人攻打过来时，那种枕头应该也有“唰！”地可以让人马上跳起来的效果吧！所以在你养成早起的规律之前，请把枕头换成荞麦壳[1]等硬一点儿的枕头吧！

⑤ 无法早起的人之最后手段：断眠

花三天三夜尽可能不要睡，把睡眠时间减少为平常的三分之一（禁止睡午觉），到了第四天晚上十一点就寝的话，自然可以立即睡着，

1 类似绿豆壳枕头。

而且也能在隔天早上五点起床。

除此之外，也还有其他方法，可以依照下列做法试试看：

- 洗热水澡。
- 一口气喝掉冷水。
- 用湿毛巾擦脸和脖子。
- 将手指一根根向外扳。

找到适合自己的“秘诀”

虽然我建议“醒来之后就马上跳起来”的这个方法，不过其实我自己是做不到的。在棉被里，从醒来到起床可能要花上一个小时吧！

因此我一直是过着设定起床时间为深夜两点到三点的生活。现在已经变成一种习惯，就算没起床，两点到三点间，也会睁着眼睛躺在床上。

虽然已经习惯，但在特别是睡过头会很糟糕的日子，也会有担心“睡过头了吗？”而吓出一身冷汗的时候。

男性与女性的起床方式不同

一言以蔽之，因为男性与女性的荷尔蒙不同，所以早起的起床方式也就不同。

当然，人本来就是天差地远，男女的类型也不是大致用二分法就可以区别的。所以这里希望大家用“一般论”来看下面的说法。

男性荷尔蒙使得男性右脑较为发达，优于情绪感觉，浪漫地追求梦想。而且右脑优于方向感觉，所以男性对于开车去过一次的地方，凭着记忆就可以找到。另外，对于事物较为顽固，可以说是当下就决定、判断思考和情感很强烈。

另一方面，女性荷尔蒙使得女性左脑较为发达，左脑掌管语言能力，让谈话可以像文章一样流利。而且女性有妥协性，关于家庭的事情、小孩子的将来等会有现实考量。这种妥协性如果穷追不舍的话，就会出现哭泣、喊叫，但跨过这关之后，压力就会消除。

相较之下，男性顽固的人较多，忍受压力、直到崩溃之前，会将自己逼到绝境。所以，突然自杀的例子多是男性。为了不发生这样的事情，让心变得直率、敞开心房的话，就能消解压力。

女性的左脑是对一直做同样的事情会觉得幸福。男性的右脑较优于计划、创造性，而对进行这些计划的行动感到幸福。

所以女性会去做细微、长时间重复的单调性事物（一般来说，就是煮饭、清洁等）。相对地，男性的右脑对于做同样的事情会产生“做这种事情是要干吗呢？”“无法实现梦想”“不去做单调的事情”的想法。

对男性来说，“梦”“理想”“计划”才是幸福的要素，女性则把“单调”“现实”视为幸福的要素。

像这种正反的差异，原本就是因为男女的脑部构造不一样。

男性早起，会一边散步，一边在心里自我暗示当天的计划。女性起床后，则是在煮饭、清扫时，做和男性一样的事情。

也就是说，男性是做思考散步，女性则是长时间持续做重复性的煮饭、清扫等现实的事情。

所以，男性有适合男性的早起方式，女性有适合女性的早起方式。请先了解男性与女性各自不同的早起价值观。

/

CHAPTER

/

06

用早起疗法
走出 / 忧郁症 /

靠早起打消悲观的想法

人类表现忧郁的情绪模式，有以下变化：

❶ 悲观的情绪——忧愁、悲伤、沮丧的情绪。

❷ 悲观的想法——“这段婚姻完蛋了”“怎样也不想去上班（学校）”等想法。

❸ 悲观的结论——离婚、辞掉工作、休学等结论。

人类的忧郁模式会依序出现烦恼、忧郁状态，进而变成忧郁症。这种负面想法的最根本原因就是自己暗自在心里做缺乏根据的推测，然后从中产生出悲观的情绪。

例如公司里的同事无视自己的招呼，光凭这样就断定“我被讨厌了，对他来说，我不是什么重要的人”，虽然并不恰当，但人常做这种单方面的强烈断定。

实际上，可能只是那个人刚好在想事情，没注意到你在跟他打招呼而已。

像这样光凭自己的臆测，让“现实”与“自己的想法＝理想”出现差异，就产生了烦恼。

如果能将这种缺乏根据的悲观情绪，转换成中立的思考模式，也就是转为正向思考，就是一种“实践”。例如早上早起这件事情是早起的实践，它所根据的就是人的意志力。意志力强的话，就可以早起；意志力薄弱的话，就会放弃隔天早上的早起。要更深入了解这个道理的话，就必须深入理解关于前述的“体性神经”与“自律神经”。

早上起床之后，新的一天就正式开始，与其抱着“好烦恼”“真不安”等悲观的思考模式，不如不要想多余的事情，瞬间从床上跳起来就好。起床之后就去散步或是读书，只要具备目的意识，就会有增强体性神经的效果。

一旦自动思维（也就是从已体验过的事情中，产生出自我想法）中存有不安感，消除这种不安的方式就是“实践＝行动”，因为行动有助于增强意志。

不勉强的“蜗牛日”

如前所述，人类当然有身体好与不好的时候，也有状态普通的时候。把一年之中的状态做一个分类，人的身体在三百六十五天当中，有一百天是健康的，一百六十五天是普通的，一百天是不好的。

在不好的日子里，会更想要变好，这就是忧郁症被称为是心病的特征。

例如有父母会对发烧三十九摄氏度、四十摄氏度的小孩说：“你要努力加油！”但对生病的小孩而言，发高烧的时候连走路都很困难了，身心虚弱地躺在床上，还被鼓励要“加油”，这样只会让孩子更加难过。这时，还不如温柔地对他们说：“要好好地休息喔！”这反而会让他们觉得轻松。周遭的人应该尽可能制造出这样的情境才对。

人在身体状况佳、精神好的时候，就算没做什么，突然发生事情时，还是能够处理。这在身体状况普通的日子也是一样。

另外，日本前阵子发生诸多夫妇激烈争吵、酗酒、彻夜打麻将、与邻居争执等现象，像这样的日子，若只是忍耐，什么也不做，就是所谓的“蜗牛日”。

绝对不要拼命努力，要像蜗牛一样慢慢地、不勉强自己地生活。

保持自然的状态，结束一天的生活。

其中当然也有故意爆破自己而努力的人，生病的人到此却已经疲惫不堪了。

一般的情况是，如果情绪陷入低潮，就要想办法转换心情，让自己慢慢地调适、恢复。大致而言，二十人中，有十九人可因此解决问题，剩下恢复不了的一人，就罹患了忧郁症。

在这种情况下，早起是禁止做的事。早起对于健康状态普通的人来说，绝对是好的。在健康的状态下实践早起，将不容易罹患忧郁症。

一旦早起成为习惯，就算在状况不好的日子，也不会心情不好，甚至得忧郁症。

压力与忧郁症的关系

在公司里犯错，被上司斥责；考试的结果是努力付诸流水；发生了讨厌的事情……任谁都会觉得心情不好。

在一般情况下，这种沮丧的情绪过不了多久，自然就会恢复正常，重新恢复精神。这是不管大人、小孩都一样的。

但忧郁症的情况则是陷入低潮的时间会持续很久，这种沮丧的状态如果持续两周以上，就可能有忧郁症的倾向。

忧郁症是情感与情绪产生障碍的疾病，国际上此病名称为“情绪障碍”，包括“忧郁症”“狂躁症”（Mania）、“躁郁症”。其中日本人罹患较多的是忧郁症。

为什么是忧郁症呢？从现代医学已知，忧郁症是因脑内神经传导物质变调所引发的，但原因至今仍不明。

不过现在认为，具有容易罹患忧郁症要因（性格与体质）的人，在承受压力时，就会致使忧郁症发病。

但即使承受同样的压力，有觉得压力沉重的人，也有毫不在乎的人。这些人的性格与想法，可以说是因生长环境而异。

所谓的“压力”，除了失恋、丧偶、裁员、倒闭、身体疾病、手术等会对本人产生负面的想法之外，就连升职、结婚、入学、搬新家、小孩的就职与毕业等，在周围的人看来认为是正面的情况，对本人来说，也可能是一种压力的来源。

这就和忧郁症产生关联了。

细心谨慎的正直者也会患有忧郁症？

关于容易罹患忧郁症人的性格，有三位专家：德国精神科学家克雷兹迈（Ernst Kretschmer）、日本的下田光造博士、德国精神病理学家提伦巴哈（Hubertus Tellenbach），在研究之后做出下述的结论。其中，下田光造博士是活跃于大正时期之后的优秀精神科学家，为日本精神医学研究留下了伟大的遗产。

克雷兹迈学说

他在论述中说，人可以依照体型做出四种性格的分类，分别是：肥胖型、消瘦型、斗士型及不全型。其中躁郁症患者有三分之二都是属于肥胖型的人，而不全型很少罹患此病。而且循环气质（躁郁症体质）的特征极端化之后，就可以视为躁郁症。他指出，发病者有百分之四十到百分之七十都是属于这种气质。

如果从循环气质的共通处来看，特征是与人交往很小心、亲切、容易亲近。

相同的气质也容易形成“精神过于开朗、富有幽默感、情感起伏激烈”的狂躁状态；但情绪沮丧时，“沉稳、爱操心型”的人，也被认为容易陷入忧郁状态。

下田光造学说

他指出，容易罹患忧郁症的性格是具有执着性的，例如热心工作、力求完美、认真，是具有强烈责任感与正义感的人。这类型的人，平常觉得疲倦时，如果自然休养，他们会因为情感充沛而持续保持异常的兴奋状态，结果反而会因为无法静心休养而引发躁郁症。

提伦巴哈学说

容易罹患忧郁症的人，喜欢井然有序的动物，也注重与他人的圆满关系，这种闷闷不乐的亲和型，与躁郁症患者的共同特征是，凡事注重规矩。由于太重视秩序，以致想要和他人成为一体地活着。依照秩序地生活虽然不会发病，但在秩序的束缚下，如果是自己搞乱了，会因为无法好好处理而自责，产生罪恶感。

这三人学说的共通点是“小心谨慎的认真”“强烈的责任感”“缺

乏兴趣”“几乎不会自我主张”。这类个性的人，非常容易罹患忧郁症。

那么，忧郁症的症状是什么？以下试着从身、心两方面归纳出典型的症状。

从身、心两方面来看忧郁症症状

从心理层面来看的话，可以分为“情感面”“思考面”“积极面”。

心理的症状

【情感面】

❶ 强烈的忧愁感、极为闷闷不乐、低潮状态持续两周以上。

❷ 早上沮丧的情绪特别强烈，傍晚会稍微好一点儿。

❸ 忧愁、忧郁、沮丧、悲观、闷闷不乐、空虚、无趣、不安、劣等感、烦躁感、后悔、想发怒、焦躁、罪恶感、有自杀念头。

【思考面】

❶ 仔细思考各种事情，最后变得无法判断。

❷ 头脑一片空白、缺乏集中力、思考无法归纳、读书也读不进脑子里。

❸ 思考力减退、集中力低下、记忆力减弱、判断力不足、出现妄想的情况。

【积极面】

❶ 积极性显著降低，对于工作、学习或家事等提不起劲儿。

❷ 对以往有兴趣的嗜好、运动或是娱乐活动等失去兴趣，总是感到疲倦。

❸ 对事情失去兴趣与关心，烦闷、没有耐性、不想跟人见面、出现难以下决定的状态。

身体的症状

❶ 睡眠障碍——早上很早（半夜两点到四点）就醒来，一旦醒来就睡不着的“过早起床”。

❷ 全身的疲劳感、倦怠感——就算休息也消除不了疲劳，精神不济。

❸ 对喜欢吃的食物也没有食欲，体重减轻、食欲降低（有时候则是吃太多）。

❹ 出现头痛、头重感、眼睛疲劳、肩膀僵硬、脖子僵硬、身体各部位都出现疼痛、手脚麻痹、性欲降低、胃灼热、腹痛、拉肚子、便秘等。

睡眠障碍是忧郁症的起因

人的睡眠方式，往往破坏了身心周期，而这就是引发忧郁症发病的原因。

人的睡眠，大致区分为让大脑休息的“快速动眼期”与“非快速动眼期”，合计约两小时一个循环，一个晚上会重复循环三至五次。

这样睡着与醒来的周期，依靠自律神经来维持。这种理想形式是晚上十一点就寝，早上五点起床的模式，是对人体产生作用的最佳周期。

此外，在夜型人增加的现代社会，睡眠周期毁坏的结果，就是引发自律神经失调和陷入忧郁症模式的人数逐渐增加。

如在下我，就是典型模式的经验者。接下来，我们将谈谈有关这部分的问题。

我也曾经“忧郁”

曾经，我也罹患过忧郁症！在医科大学就读时，生活逐渐转成夜型。当时的我，丧失了对学业的积极性，对所有的事情都失去了耐性，也渐渐变得不爱外出。

不！其实我在更早之前，从中学三年级开始，就有睡眠觉醒周期障碍。起因是当时太沉迷于深夜的广播节目。那个时候的我，都是下午才到学校，最后变成了堕落的学生。

当时的背景，是因为背负着“要成为继承父亲志业的医师”“想要当一个各项表现都很好的优等生”这样强烈的精神压力，而想要从那当中逃离出来。

到了高中三年级时，总想要改变自己，虽然最终如愿进入了医科大学，但一住进大学宿舍后，就“原形毕露”（原本的木阿弥）[1]，整

1 这个词语的典故出自日本战国时代武将筒井顺昭病死时，家人为了隐瞒他的死讯，直到他的儿子顺庆长大成人之前，都利用一个声音和顺昭相似、名叫木阿弥的男子，睡在他的寝室，以欺骗外来者。等到顺庆长大，才发布顺昭过世的消息，而木阿弥也到这时才回到他原本的身份。

夜打麻将赌博到天亮，离大学也愈来愈远。

结果，我退出了医师之途。实际上，往后的数十年，我可以说进入到“忧郁的隧道”中。

当时的我，面对即将到来的三十岁，内心却被“如果从此没办法从这病中抽身的话，该怎么办？”的不安感折磨。在父亲的建议下，我开始参加每周一次的早起学习会。

刚开始很辛苦，总是想着要放弃，但经过一个月、三个月之后，自己都可以明显感觉到身体和精神方面所出现的显著变化。于是，长达十六年的服药，竟可以就此断然停止。

忧郁症与晨间照护

造成忧郁症的原因之一，在心理学上的专有名词是“学习无助感”（或称为“习得无助感”，Learned Helplessness），是一种深信“不管做什么都不行”或“应该做得到的事情也做不到”的预测性心理。

例如选举的投票，认为“反正不差我这一票，即使投了，也对国家产生不了什么改变”；工作上则认为“为了工作，要我明天早上五点起来，是做不到的”，这些就是来自学习的无助感。

也就是说，没精神是会传染的，由于过去微不足道的挫折，变得深信无法成为习惯的事情都是不好的。

这种不安的自我暗示，也可以称为“不安的实现预言”。要治好这个“不安的实现预言”，就要用目的的自我暗示，也就是所谓的“目的的实现预言”。

例如萎靡不振时，要用相反的心情想一想：“如果怎么做都不行的话，那么改变观点试试看，这样就一定可以做得到。”

选举也是，夫妇相约一起，或是呼朋引伴一起投票，要相信自己的决定“应该可以改变什么”。抱持着“因为明天早上五点好像起不来，就算一个晚上不睡，也应该可以去上班”“自己应该可以做到什么”

等想法。

早上早起是“行动的实践”，由心态（意志、决心）来决定，因此前一天下定“明天要早起”的这种“决心”是很重要的。

但这是在健康状态下才适用的内容，否则会如同前面所说，生病的时候，早起可能会造成反效果。

忧郁症是日常生活停止所有活动的疾病，包括停止“喜、怒、哀、乐”的情绪，也无法做到“判断、决断”等思考，完全丧失了生存的动力。

一旦出现这种忧郁症状时，要除去全部的压力，完全中止早起、散步、工作、学校等生活活动。只要一边服药，一边什么都不要做，到处闲逛即可。

从下页要介绍的忧郁症阶段图可知，待进步到忧郁与忧郁间的“恢复期”或“中间期”等健康状态时，再慢慢进行不勉强的早起、散步等活动。这对忧郁症患者来说，是防止复发最好的方法。

忧郁症的经过

时期	阶段	内容
前驱期	第一阶段	没力气、懒懒散散地生活。失眠、口渴、肠胃不舒服、手脚麻痹、感觉发冷等。
	第二阶段	情绪、症状有激烈变化、忧愁感、显著的烦躁感。失眠、食欲与性欲不振、苦于严重的身体不适。企图自杀。
急性发作期	第三阶段	症状更严重的时期，有抑郁感、失眠、食欲不振。
	第四阶段	有显著的被害妄想症。不想起床、变得卧床不起。强烈的自杀企图。因为没精神，所以危险性不高。
恢复期	第五阶段	疾病改善的预兆。症状类似第二阶段，但是情绪变化更加显著。因为怕会复发，所以是更容易发生自杀的时期。
	第六阶段	情绪与症状的变动减少，产生了自信。虽然看起来很正常，但容易疲倦。为了防止复发，完全治好再回到社会是很重要的。
中间期	第七阶段	介于忧郁症与非忧郁症中间，状况很好，几乎是正常人。这个时候进行早起身心健康疗法（瑜伽、自律训练法、个别辅导、起誓、早起会、周六演讲会）等，可以防止复发。这个努力，如果确实做到，可以完全防止忧郁症的复发。

晨间照护原本就是自然的方式

我的父亲税所厚所进行的医疗方法之所以胜出，只不过是秉持着“非必要，不投药”“指导自宅疗法（瑜伽、散步、内观、起誓、日记等）”“对患者而言，看诊很轻松”等三个治疗方针而已。那正是采纳了“晨间照护”的方法。

一般来说，患者在白天看诊是很普通的日常照护，但对那些在白天无法好好活动的人所进行的，就是夜间照护。因此，晨间照护就是在早晨进行的治疗方式。

夜间照护虽然必要，但人毕竟是日出而作、日落而息，顺应这样的规律，才是最自然的方式。所以我认为，晨间照护才是最合理的医疗方针。

现在，日本一百岁以上的长寿者，男女合计约有三万两千人，其中九成的人都是晚上八点睡觉，早上四点起床。早上四点起床可以说是相当早起，但约有九成的长寿者能够做到，合理的解释可以说是因为这是健康的生活方式。

此外，美国一百岁以上的长寿者约有八万人，其中有八成左右的人也是晚上八点睡觉，早上四点起床。由此可见，早睡早起正是长寿的秘诀。

用“跳起”瞬间起床

忧郁症有一天的周期。通常患者在早上的状况会比较差，但从傍晚开始到晚上，会逐渐变得比较好。所以，忧郁症患者一天中的状况是会有所变动的。

而自律神经失调症的变化与忧郁症不同，大部分是到了傍晚之后，情况会变得更糟。另外，神经症的情况则是会不规律地出现好的时候和不好的时候。

一旦罹患忧郁症，原本应该可以熟睡的晚上，会变得难以入眠；而交感神经正要开始活动的早上，才正要进入梦乡。在这种情况下，很容易造成两种神经的平衡混乱，出现身体不舒服的情况。

相较之下，不如培养有益身体健康的早起习惯，让自律神经的平衡回到原本的状态，相信这也是预防忧郁症复发的最好方式。

对于已经走出忧郁症的人来说，最重要的事情就是整顿生活规律。如果想要做到这个部分，就只有用“跳起”瞬间起床了。这不只针对忧郁症患者，对正常人也是一样。所以各位读者，对此我要特别再次说明，从棉被里瞬间跳起的方式，能帮助你更容易起床，这是关键所在。

状况不好的时候，有人只要一想到“又是一天的开始”，就没办法离开棉被；但身体状况好的时候，用“跳起”的方式起床，会带给身心舒服的刺激。

另外，这和就寝时间没关系，只要以决定起床的时间来设定闹钟就可以了，等到习惯之后，再慢慢提早起床时间，最后养成早上五点起床活动的习惯就好了。即使睡眠不足或太累时，早上也不要赖床，用午觉来补充不足的睡眠。

上夜班或是生活不规律的人也是一样，要尽可能决定起床的时间，培养出定时的规律，这样才能保持身体健康。

在“宽解期”去参加“早起会”

早上五点，在生命能量最充沛的时间点醒来。这样做的好处，不管说几次都不会厌烦。

不过，对忧郁症患者来说，这可能会令他们更加痛苦。忧郁症患者常提到的就是：“不是因为想睡觉，而是想到一天又要开始了，身体就不想离开床铺，就像是深陷在泥沼中似的。”

如果你对“什么都可以不用想、单纯睡觉的休息时间就要结束，又得在即将到来的一天里，重新面对自己的症状”感到不安，这种不安就是忧郁的表现。

我在前面的部分已经说过，在忧郁症容易恶化的时期，是禁止早起的。所以，每到“宽解期”时，我都会推荐患者去参加“早起会”。“早起会”是每个星期一从早上六点半开始，进行约一个半小时，在早起身心医学研究所里所举行的活动。

此外，所谓“忧郁症的完全宽解”指的是回到罹病前的机能水平，并且“宽解期’状态要持续三个月以上的患者，才能被判定其忧郁症痊愈。

在敝研究所的早起会中，可以遇见各式各样的人。

就连那些比我从前症状还要严重的人，也几乎都复原了，甚至现在还能协助指导别人或是给予他人意见。对那些到现在还无法让自己从不顺利状态中脱离的人而言，看到这些人非但不隐瞒自己的“病历”，还大方地分享过往经验的态度，或许会成为一种激励、鼓舞。这就是税所式团体疗法的优点，利用在团体中所产生的团体原动力（团体力学），唤起患者内在的勇气。

为了参加早上六点半开始的早起会，前一天必须果断地下定决心：“明天要早起去参加早起会！”事实上，这个“决心”就是非常重要的。

通过早起会自我革新的医师父子

我所主导的每周一次的早起会，有各式各样的人来参加。这里介绍一下 A 先生的故事。

六十三岁的 A 先生，从祖父那代开始，连他自己在内，三代都是医生，开设内科诊所。他的儿子（三十二岁）也想要当医师，所以也进入私立的医科大学就读。

A 先生的儿子在大学时代患有轻微的忧郁症，靠药物疗法治愈，后来自医科大学毕业后，就进入大学医院实习。

但没过多久，他以"自己并不想当医生"为由，向医院申请停职，每天在家里无所事事。

A 先生在四十岁时，也曾因为罹患"初老期忧郁症"而接受过治疗。就算本身是医生，但面对自己专科以外的科别，也只能去寻找对症疗法而别无他法。

那时，他在书店找到我的著作，从中了解到关于早起治疗忧郁症的论述。

听到 A 先生和他儿子的故事之后，我好像又回到自己还是医学系学生的时代，也就是"地狱般日子"的时候。我毫不犹豫地把自己的经验分享给A先生父子。

因为定期参加早起会，A先生的儿子渐渐改变了，和儿子一起参加的A先生也是，好像隐约感觉到“什么东西改变了”。身为内科医师的A先生写了如下的感想。

我是个医生，也亲身体验过忧郁症，但面对自己儿子罹患的病时，我想我的反应却是比“普通人还不如”。我在研究所读书时，发现心的疾病和身体疾病没什么不一样。胃疲倦时，就会产生胃炎；而脑这种器官的疲倦状态，就是所谓的忧郁症。（略）我想，税所先生的早起身心医学研究所，或许就是利用提高人本身所拥有的自然治愈力来进行的。

接着，A先生决定在一旁守护，并谅解靠自己力量克服自己忧郁症的儿子。

类似这样，将早起变成生活中的习惯，人是有实现自我革新的可能性的。

为了防止忧郁症复发

忧郁症的疗控若能维持在好的状态，并持续三个月以上没有发病，就到了“完全宽解期”，而这个状态是否能长时间维持下去，非常重要。

如果感觉出现复发的征兆时，请有意识地去做下列事情：

- 只做自己喜欢的事情，讨厌的事情不要做。度过愉快的时光，蓄积能量。彻底避开会造成压力的事情。
- 保持快乐事情和不快乐事情之间的平衡，就算面对讨厌的人和讨厌的事情，也要变成难以被动摇的性格。

此外，为了防止忧郁症复发，请做到以下五点：

❶ 症状严重时，不要服药过量

就算急性发作期要做到早起，也不要太勉强，用百分之六十到百分之八十的力气去做就好了。

❷ 掌握自己容易发病的模式

掌握住“再这样继续努力下去就会发病”的界限，在临界点前，让自己好好地休养。

❸ 忧郁症一定可以治好，绝对不要自杀

如果在恢复期感到有压力，可能会出现自杀或自残的行为。这时，亲人的支持是很重要的。

❹ 对于左右人生的大问题，延后决定的时间

在判断力低下时，勉强做出任何重大决定，将来都可能会后悔。

❺ 培养心的柔软度

不要黑白分明，让自己养成有“嗯，没关系”“总会有办法的”等想法。

不易发现的“假性忧郁症”

出现“睡不着”“慵懒”“肩膀僵硬”“肚子痛”“腰痛”等身体层面的不适症状，就到个别的科诊看病，一旦看不出异常，就转诊或是转院的例子很多。

当这些情况频繁出现时，实际上，不单是身体层面，也有潜藏着精神层面病因的例子，这就是所谓的“假性忧郁症[1]”。

同样是心理引起的疾病，我们加入“身心症”一起思考。患有身心症时，会出现“胃痛”“血压高”“呼吸困难”等症状，精神上的影响会让压力成为一种疾病，出现一种很明显的症状。

相较之下，假性忧郁症不会出现某种特定的症状，而是会出现多种症状相互缠绕，甚至创造出新症状的一种状态。

由于身心症会出现一种明显的症状，因此可以很明确地辨认出，然后再对症治疗。例如胃不舒服的话，吃胃药就可以有某种程度的改善；血压高的话，用降血压剂就能获得缓解。

但是，假性忧郁症的情况，用这种治疗方式是不会有所改善的，

1　其实是情绪低落所致，却以身体不适的症状表现出来。

而且忧郁症反应在身体层面的症状，如“疲惫”“晕眩”“倦怠感”“食欲不振”等，在刚开始出现时，常被误认为是假性忧郁症的类型。而且在自律神经失调症、更年期障碍、经期障碍症候群中，也有被认为是包含了假性忧郁症的案例在内。

女性忧郁的原因及克服的方法

女性因为有月经周期，到了青春期或是更年期时，身体与心理的状况也会持续产生变化。女性的忧郁症很多是更年期所引起的。

停经前后五年，合起来约十年的时间，被称为“更年期”。当女性荷尔蒙分泌急剧减少，造成身体不适时，也会出现和忧郁症相当类似的症状。

在这个时期，忧郁症真的有可能发病。更年期就肉体上来说，好比是转角时期，皮肤的皱纹、老人斑、白头发都会变得很明显。这就是造成女性丧失自信的原因。

因为这个时期，小孩都已经长大成人，再加上可能经过搬家等环境变迁而形成了忧郁症。特别是一直把重心放在养育孩子上的女性，这种倾向更是强烈。会因为小孩子长大成人，而感到一股自己的重要性好像消失了的空虚感。

不过，忧郁状态原是更年期障碍的症状之一，要区分其与忧郁症的症状差异，可说是非常困难。首先，到妇产科或精神科就诊，接受适当的治疗吧！

通过早起加演讲脱胎换骨

在早起身心医学研究所的团体疗法中，除了周一的早起会外，还有“周六演讲会”。所谓的演讲，并不是听什么了不起的讲师高谈阔论，而是在隔月除了请来常任的医师或是针灸师进行演讲外，也邀请实际具有忧郁症经验的人及其家人来演讲。

开始实践疗法约三个月到半年，虽然并非强制，但一旦症状恢复，便可以开始第一次的演讲。演讲的内容自由决定，基本上谈的都是有关罹病的原因、让自己痛苦的症状，因为税所式实践疗法是致力于谈论关于感想与自我疗法的进步方式。

最重要的是，很多人在别人面前无法畅所欲言，所以“可以在人前演讲”的安心感和自信是必要的。为什么呢？这是因为患有忧郁症的关系。对人恐惧与视线恐惧的人很多，所以在人前说话这件事，好像会让他们有非常害怕的想法。

在克服这个害怕的过程中，可以说就是发现新的自我的“蜕变”。

利用早期发现测验，检视忧郁症

“早期发现早期治疗”是非常重要的！忧郁症也是一样。下面就利用早起身心医学研究所设计的“A. S身心医学测验”，来诊断你现在的健康状态吧！

测验A是用来诊断自律神经失调症，测验B则是诊断忧郁症状的测验。如果本人无法做这两项测验，就由亲人代替本人进行，从旁掌握本人的状态吧！

A．S测验（A）

请将符合自己症状的位置圈选起来。圈选数一个为一分。

例　问题1的“头痛、头重感、想睡觉、眼睛痛、有眼疾”中，若有三个地方打圈，就代表三分。

问题1到11是身体方面的疾病，很多看起来都与更年期的症状类似；12至29则是精神状况的问题。最后合计来看，可以看出是否具有罹患神经症等的倾向。

调查的圈选数一个为一分。十一分到十四分是在及格边缘；十五分以上的人，可能是自律神经失调症；二十分以上的话，则必须要有医师的诊断。

A．S 测验（B）

接下来的问题，也请在适当的位置打圈。

计算分数的题目是问题 1、3、5、7、9、11、13 ~ 17。除此之外的题号所圈选的部分请不要计分。回答“不是”零分，“偶尔”一分，“经常”两分，“总是”三分，然后请合计各题目的分数。

十分以下是健康，五分以下则是非常好的状态；相反地，出现二十分以上的时候，因为有很高的可能性罹患忧郁症（情绪障碍），因此建议去找医生或专门的医疗机构咨询。

A．S身心医学测验A-1

请针对自己的症状，在该栏位中圈选出来，如下所示。
（例）头痛、头重感、想睡觉、眼睛痛、有眼疾→两分

分

1. 头痛、头重感、想睡觉、眼睛痛、有眼疾
2. 没有食欲、吃太多
3. 便秘、拉肚子、反胃、胃不舒服
4. 胸口的压迫感、心悸、心肌梗死、咳嗽
5. 头、肩、背、腰、关节、手脚等会痛
6. 头、肩、背、腰等感到僵硬
7. 身体好像哪里麻木、麻痹、发抖、发冷、热潮红
8. 耳鸣、重听、头昏、晕眩
9. 血压高、血压低、在意脉搏数
10. 湿疹、疹子、皮肤病、性生活失调
11. 常失眠、总是想睡觉、早上起不来
12. 脸红、视线、对人恐慌、口吃、起床气
13. 不耐烦、缺乏集中力、做得不够完美时会很不满意
14. 对任何事物都没兴趣、忧郁、有想死的念头
15. 觉得自己好像不是自己、情绪变化大
16. 认为别人好像在说自己坏话、烦恼过于自信
17. 对于身体的体味感到不安、认为别人都懂自己的想法

A．S身心医学测验A-2

分

18. 没人的时候会听到声音或是看到电影
19. 经常使用胃药、精神安定剂、安眠药、想要戒掉药物
20. 对于脸、身体、性格有劣等感
21. 曾经因看精神科或神经科住院、目前也在定期看医生
22. 对于父、母、兄、弟、姐、妹、祖父、祖母有强烈不满
23. 对于公、婆、女婿、儿媳妇、丈夫、妻子、孩子强烈不满
24. 对于上司、同事、下属、老师、朋友有强烈不满
25. 烦恼职场、家庭、学校、夫妻之间、婆媳、亲子等问题
26. 不想让任何人知道自己的烦恼，不想跟任何人说
27. 喝酒、抽烟[1]
28. 入睡时间比晚上十一点晚一个小时的话，一分[2]
    起床时间比六点三十七分晚一个小时的话，一分[3]
29. 有不安感
14. 对任何事物都没兴趣、忧郁、有想死的念头

1　一天喝一合酒的话算一分，啤酒250毫升算一分；烟十根算一分。

2　十二点到一点算一分；一点到两点间算两分。依此增加分数。

3　七点三十七分到八点三十六分算一分；八点三十七分到九点三十八分算两分。依此增加分数。

A.S身心医学测验B-1

关于下列问题，若回答：
不是零分；偶尔一分；经常二分；总是三分

	分
1. 是否身体无力、容易觉得疲倦？	
2. 很在意噪音吗？	
3. 最近心情低落、觉得很沉重吗？	
4. 听音乐时会觉得愉快吗？	
5. 早上的时候，特别没精神吗？	
6. 讨论的时候可以集中精神吗？	
7. 认为脖子、肩膀僵硬是没办法的事吗？	
8. 会头痛吗？	
9. 睡不着而且早上容易很早醒来吗？	
10. 容易发生事故或和人吵架吗？	
11. 不想吃饭、没胃口吗？	
12. 看电视的时候会觉得愉快吗？	
13. 有喘不过气来、胸闷的时候吗？	
14. 有喉咙里好像卡住什么东西的感觉吗？	

A.S 身心医学测验 B-2

分

15. 觉得自己的人生很无趣吗？
16. 工作效率无法提高，做什么都觉得很麻烦吗？
17. 以前也有和现在相似的症状吗？

测试方法：

计算分数的题号分别为 1、3、5、7、9、11、13~17，其他题号的分数一律不计。

两个测验的总结

A. S 身心医学测验（A）总分在十五分以上、测验（B）的分数在十六分以上的情况，可能罹患了忧郁症。

另外，如果测验（A）的分数超过二十分的话，就算测验（B）的分数在十六分以下，也可以说罹患忧郁症的可能性很高。出现这种结果的人，现在就算没有忧郁症的征兆，也建议去找专门医师咨询比较好。微不足道的事情也会成为关键，终有演变成为严重忧郁症的可能。

另外，如果测验（A）的分数在十一到十四分，测验（B）的分数在十一到十五分的话，可以说非常接近忧郁症的状态。请留意，要及早治疗。

请一个月做一次测验。

确定压力的状态。

另外，只有测验（A）的分数很低，而测验（B）的分数很高的情况几乎不太可能出现。如果出现这样的结果，可能是哪里出了错。请再确认一次。

A.S 身心医学测验 A 结果的观察方法

* 这个测验是测量自律神经失调的程度。自律神经失调症是起因于交感神经与副交感神经的平衡失调所产生的身体症状。因为完全可以说是“失眠”“身体不好”的身体症状，所以自律神经失调症的人并不一定是忧郁症。但相反地，忧郁症的人，可以说一定是患了自律神经失调症。

* 问题 1–11 是关于身体疾病的问题，很多是更年期常见的症状。12–29 则是以精神疾病为主。可以看出神经症等倾向。

20 分以上的人	显示出强烈的自律神经失调症的症状，尽可能及早请医生诊断。
15–19 分	可以看出自律神经失调症。
11–14 分的人	及格边缘，这个时期的生活可以改善的话，是可以消除这些症状的。
6–10 分的人	没什么特别的问题，属于一般的状态。
5 分以下的人	状态非常好，属于十分健康的领域。

A.S 身心医学测验 B 结果的观察方法

20 分以上的人	因为有强烈的忧郁症症状，请尽早向医生或是专门的医疗机构咨询看看。
15–19 分	有忧郁症的倾向，这个分数区段的人，请尽早寻求医师的诊断。
11–14 分的人	从症状来看是及格的，只要改善生活习惯的话，是可以消除这些症状的。
6–10 分的人	没什么特别的问题，属于一般的状态。
5 分以下的人	状态非常好，属于十分健康的领域。

后记

关于我的父亲税所厚，内文中已多处提及，甚至在其他著作中，也写了很多关于他的小故事。熟悉的读者看到的话，或许会觉得本书和其他的著作好像有重复的地方。

我们税所家的“税所”是平安时代的官职，负责地方的征税。简单来说，就是相当于现代国税局的工作。

根据《萨隅日地理纂考十七之卷》的“税所祀”记载，有如下的出身：

宇多天皇的皇子敦房亲王的第五代孙税所笃如，代替后一条天皇担任大隅国国府乡八幡宫与雾岛神社的神职，治安元年从大隅国下放到曾于郡定居……

一〇二一年（治安元年），我的祖先担任鹿儿岛神宫（一般称为“正八幡宫”或“大隅正八幡宫”，是全国正八幡宫的总本社）与雾岛神宫的神职，下放大隅国（即今鹿儿岛县的一部分），掌管神社领地的租税，而被赐予税所之姓。

现在，雾岛神宫的角落，还有税所神社，祭祀着税所家的祖先，这证明了税所氏担任雾岛神宫的神社领地租税征收工作。另外，每年四月二十八日，有“税所神社祭”，我身为税所一族，也不缺席地列席其中。

我的父亲税所厚，因为身为税所家第十六代的一家之长，不得不继承神官之职。此外，内文中也提到了，我的父亲从少年时期就受强迫神经症之苦，为了解决这个问题，而学习各种宗教，最后选择成为医师，迈向医疗之途。

父亲在就读医学院的学生时代，曾参加某个神道系的宗教团体所举办的“早起会”，有了当时的经验，再经过一段时间之后，便带着当时仍是幼儿的我同行，参加早起会。

这个时期的父亲，决定举家搬至惠比寿，在开设整形外科的契机下，每天早上带着年幼的我到明治神宫散步，成为固定的功课。直到有一天，知道在明治神宫有早起会的活动，当下就决定要入会。

有着那样经历的父亲，是世界上首位以早起作为医疗并持续进行研究的人，甚至创立了“早起健康疗法”。

完成“早起健康疗法”的父亲，举办了每天早上六点开始的“早起会”，上午进行心理疗法，下午则继续整形外科的诊疗，他是位与众不同的医生。彻底了解患者困难的父亲，还会把患者或其家人找到家里来，一边吃饭，一边讨论情况。

有关父亲的早起，在我心里所留下的深刻记忆是，在某次明治神宫的早晨散步时，父亲送给了我一本日记，并在那本日记的封面上写道："与生命同在的日记。"最前页还写着如下所述的话：

天才也好，秀才也好，但你是才能平凡的人。因此，你是班上最努力的人！也是日本最爱好学习的人！

早晨散步是父亲将"早起健康疗法"具体化的契机。至此，在医学尚未有任何证明之下提出"早起与健康"的关系，父亲是世上第一位以医师立场将"早起"提升到"疗法"位置的人。

对我而言，这本日记也成为往后自我启发的原点。之后，虽也历经曲折，但我终究也踏上与父亲一样的道路。以父亲所留下的"早起健康疗法"程序为基础，在顺应时代的变化上，加以整理，期许更多人能通过这个方法获得真正的健康。这是我打从心底的愿望。

好了，就让我们一起呼吸晨间新鲜的空气，让身心轻松舒畅地醒来，外出散步吧！

税所弘